Hasse "Hassan" Sørensen

Fåking Danmarkshistorie

ᚠᚭᚴᛁᚾ:ᛏᛆᚾᛘᛆᚱᚴᛋᚼᛁᛋᛏᚭᚱᛁ

For dig der synes at historie er pisse kedeligt

Fåking Danmarksgistorie

Tekst, layout og grafik af Hasse "Hassan" Sørensen
Coverfoto af Demiahl
Forlag: BoD · Books on Demand GmbH, In de Tarpen 42,
22848 Norderstedt, Tyskland
Tryk: Libri Plureos GmbH, Friedensallee 273, 22763 Hamborg,
Tyskland
ISBN: 978-87-4305-996-7

Denne bog er tilegnet min far
Niels Verner Sørensen
som gjorde historien levende

God rejse!

”Det er det samme hver gang. Man har en plan, en genial plan! Og så er man omgivet af hundehoveder og hængerøve, lusede amatører, elendige klamphuggere, latterlige skidesprællere. Talentløse skiderikker, impotente grødbønder, og SOCIALDEMOKRATER!”

– Egon Olsen

Kapitler

De var ikke så dumme som de så ud

Mange forestiller sig at folk var dårligt begavede i oldtiden, fordi de ikke havde smartphones, skattefradrag og atomvåben.
De var præcis lige så kloge som vi er nu.
Men teknologisk udvikling tager tid, og hvis det ikke var opfundet endnu, hvem skulle så finde på at blande kobber og tin for at lave bronze?
Mig?
Helt ærligt: *Næppe!*
I bronzealderen rejste danskere til middelhavet og tog grimme souvenirer og feriekærester med hjem. De sad ikke i Danmark og syntes, at resten af verden var ubegribelig, farlig eller langt væk.
Da vikinger plyndrede klostret på Lindisfarne, havde danskerne handlet med englænderne i hundredvis af år. De *"opdagede"* ikke England.
Når de rejste monumenter af tonstunge sten brugte de tovværk, trisser og teamwork.
Det er ikke et mysterium – vi taler om rimeligt intelligente mennesker.

Problemet er at i nutiden – også da år 1450 var *"nutiden"* – vil man gerne hævde sig på bekostning af den *"primitive"* fortid.
Derfor er der kontinuerligt i historien opstået myter om fortiden, som ikke har nogen fåking grund i virkeligheden.
"Den mørke middelalder" er et godt eksempel. Når man pløjer sig igennem den udvikling, der skete i middelalderen, var den ikke specielt *"mørk"*, selvom både kirken og pesten gjorde en fåking imponerende indsats for at trykke humøret i bund.
Et andet godt eksempel er *"de troede jorden var flad"*. Jeg får en begyndende migræne... Der findes *intet* belæg for at mennesket *nogensinde* har troet at jorden var flad.
En græker ved navn Eratosthenes beregnede jordens omkreds med en fejl på 40 kilometer (0,1%) i år 240 før vores tidsregning, og Aristarchos fra Samos beviste det *"heliocentriske verdensbillede"*, altså at jorden bevæger sig rundt om solen, 40 år senere.
Ingen har nogensinde fået credit for at *"opdage"* at jorden var rund, og ingen er blevet brændt på bålet af kirken for at sige det.

Det er myter og fake news, skabt for at fremture med et påstået fremskridt.
Christoffer Columbus vidste præcis hvor Amerika lå, og hvordan man kom dertil, før han rejste over Atlanten. Det han ikke vidste var, at Stillehavet findes og gør Amerika til et selvstændigt kontinent. Det var i øvrigt heller ikke ham, der fandt ud af det.
Den frygt han arbejdede med var, om de kunne have forsyninger nok med, og om rejsen kunne betale sig. Altså for mange tomme felter i hans regneark.

Den forandring der er sket de seneste 10.000 år er teknologisk og moralsk – ikke intellektuel.
Fra stenøkser til Bluetooth, og fra slaveri til ligestilling. *That's it!*
Undervejs har vi prøvet os frem, og opdaget at fejl og blinde veje er en uundgåelig del af udviklingen.

Dette er fåking Danmarkshistorie for dig der synes at historie er pisse kedeligt.
Efter de fleste kapitler er der en hurtig liste med ting der skete uden for Danmark; både for at sætte tingene i perspektiv, men også fordi de før eller siden ville få betydning for os. Danmark er nemlig ikke – og har aldrig været – et isoleret ø-rige.

Hav din mobil ved hånden mens du læser; der er måske en ting eller to, du lige vil se på nettet, som *"Göbekli Tepe"* eller *"Daisy med en brikjuice og en smøg"*. Hvad ved jeg?
Måske er der noget som får dig til at tænke "*What the fåk?*", som at det første menneske i rummet var fire år før sorte fik stemmeret i USA.
Men hvis du læser hele lortet, og pludseligt synes at historie er spændende, så skal du fandme ikke komme rendende til mig og beklage dig. Det er din egen skyld.

Når folk kommer rendende

10000 fvt - 6000 fvt

Det sted vi i dag kalder "Danmark" var dækket af is.
Isen var så tyk som 100 gange Rundetårn stablet oven på hinanden.
Pisse koldt var det også!
Af uransagelige årsager begyndte isen at smelte. Ellers havde jeg ærligt talt ikke gidet at skrive denne bog.
Syd for Danmark havde mennesket udviklet sig nogle millioner år forinden, oven i købet flere forskellige racer.
De første, der indvandrede i EU, var neandertalerne. Siden fulgte andre forskellige typer, og til sidst homo sapiens.
De gjorde det som mennesker nu gør: Fik børn med hinanden, slog hinanden ihjel, handlede, udvekslede erfaringer og snød hinanden.
For at gøre en lang historie kort, så endte det med at der kun er 5-7% neandertal tilbage i nutidseuropæere, mens resten er ren sapiens.
Derfor er det vigtigt at vi bevogter EU's ydre grænser, ellers er der intet neandertal tilbage om 30.000-40.000 år!
Miljøbevægelsen var endnu ikke stærk nok til at protestere, så isen forsvandt, og både naturen og mennesker begyndte at vælte ind over grænsen sydfra, for omkring 10.000 år siden.
De gik især efter rensdyr, som de nakkede med spidse pinde, og sten som de havde slået skarpe.
De første danskere var typisk overklassetyper, der gik i pels, boede med havudsigt og levede af østers og vildtkød.
Fint skulle det være.
At være flyttemand var god business, for efterhånden som isen også smeltede i Sverige og Norge, flyttede kysten længere og længere ind i landet, hele Doggerland (landet der nu er havet mellem Danmark og England) forsvandt i oversvømmelsen, og samtidigt begyndte der at vokse skov overalt.

Samtidigt, et andet sted

Göbekli Tepe templet i Tyrkiet bygges ca. 9500 fvt.

Integration

6.000 fvt.-1.700 fvt

De første danskere fik kun lov at leve i fred, slå hinanden ihjel, jage rensdyr og mammutter, og fiske mutters alene i omkring 4.000 år, før de næste indvandrere kom rendende østfra.
De oprindelige danskere var ret mørklødede med blå øjne, imens de mørkøjede russere der nu kom væltende ind var bedre tilpassede til livet i Norden: De var lyshudede – en tilpasning der hjælper med at optage mere D-vitamin på disse mørke breddegrader.
De var også ret smartass med bedre stenredskaber og jagtmetoder. Pigerne var vilde med det, og før vi fik set os om, var grupperne så indbollede at det ikke var til at se, hvem der var hvem.
Hvis de havde brugt lidt mindre tid på at knalde med de fremmede, og brugt lidt mere tid på at tage på solferie, ville de have opdaget at tyrkerne i mellemtiden var gået i gang med at udvikle et ordentligt landbrug. I stedet bredte landbruget sig meget langsomt op gennem Europa, imens det eneste dyr danskerne havde domesticeret var ulven, som var god at have med på jagt.
Der gik altså igen et par tusinde år, før der kom spændende gæster, men de gæster der kom sydfra, havde nu markbrug og dyrehold med i bagagen, og de næste der kom østfra kom med hjulet, tekstiler og et mere fancy sprog.
Nu skete der sgu noget!
De fjernede skoven, lavede marker, begyndte at passe grise, køer, høns og får, og blev mere fastboende.
Da de blev fastboende, begyndte de også at begrave bedstefar ude i baghaven, ved at bygge en stendysse rundt om ham og kyle jord på. Med tanke på at den globale opvarmning ikke er slut endnu, og kysterne stadig flytter sig, kan man spørge sig selv om det var en pisse smart beslutning…
En hurtig sidebemærkning til det der med døderi:
Børnedødeligheden var enorm, og mange unge døde i hooliganisme og bataljer, men de, der døde af alderdom, blev ofte omkring 80 år gamle.
En "gennemsnitlig levealder" på 40 år betød altså ikke, at man var gammel som 40-årig.

De lavede stadig alting af træ og sten, men de stenøkser de lavede på dette tidspunkt var kraftstejleme flotte!
De gik også og tyggede tyggegummi. Eller: De gik hele dagen og tyggede på harpiks, fordi gennemtygget harpiks er pisse godt til at lave redskaber af.
Det er let at komme til at se lidt ned på stenalderfolk, men husk på at de mellem- og sydamerikanske civilisationer, fx Maya og Inka, aldrig opfandt metal, og derfor var stenalderfolk, selvom de havde pisse avancerede kulturer, matematik og kalendere og alt muligt.
I Danmark havde de også ret godt styr på tingene i den sene stenalder, og lavede farverigt tøj, reb, skibe, fiskenet, og redskaber af træ, ben, horn, sten, harpiks, uld og alt muligt andet.
De har efterladt sig nogle stensætninger hvor stenene står i en cirkel, eller med form som et skib, og ofte med udvalgte sten i enderne, der viser retningen til solen ved midsommer og midvinter.
Det hjælper til at beslutte hvornår man skal så og hvornår man skal høste.
Den *"religiøsitet"* de havde, var altså baseret på en masse praktiske funderinger.
De havde stadig ikke opfundet privatliv – som faktisk er en ret moderne trend – men det ser trods alt ud som om hver familie havde sit eget hus.

Samtidigt, andre steder

Kileskriften opfindes i Sumer omkring år 4000 fvt.

Byen Ur i Mesopotamien opstår omkring år 3000 fvt.

Stonehenge påbegyndes omkring år 3000 fvt.

Keops Pyramiden blev bygget i Egypten omkring 2560 fvt.

Induskulturen var aktiv i perioden 3300–1300 fvt.

Kreta var centrum for det minoiske kongedømme 2700-1400 fvt.

Mammutter uddør ca. 2500 fvt.

Bronze er det nye sort

1700 fvt-500 fvt

Nede i Mellemøsten, som næsten altid har været ren science fiction for alle andre, havde de opdaget kobber. Kobber er egentlig ikke fem potter pis værd…

De havde også opdaget tin, som egentlig heller ikke er værd at skrive hjem om, men trods alt lidt mere anvendeligt.

Men så var der sgu en fiffig fyr der fandt ud af at blande kobber og tin, og så gik det kraftstejleme stærkt.

Denne alkymistiske revolution kalder man for bronze, og bronze er eddermame smart.

Det er shiny nok at lave dyre smykker af, og hvis din økse ikke skal bruges til hårdt arbejde – som at fælde træer – men bare til lettere jagt og håndgemæng, snedkeri og finjusteringer, så er bronze *the shit*.

Samtidigt er det genialt til mere avancerede værktøjer som knive, sakse, synåle og så videre.

Udfordringen var at bronze ikke kunne købes i det lokale byggemarked, så de var nødt til at lave nogle bedre både, for nu skulle de satme på langfart og badeferie til sydens sol.

Betaling? No sweat. Før MasterCard havde de noget der var endnu bedre: Rav!

Rav og visse typer pels kan kun skaffes i Skandinavien, og sydeuropæerne skulle bede om det!

EU's indre marked var den nye legeplads, og grænserne stod piv åbne.

Rejser, indvandring og udvandring gjorde bronzealderen til en vildt kosmopolitisk periode.

Samtidigt begyndte man også at sælge sine slaver til folk langt borte, og importere slaver og ægtefæller langt væk fra.

"Egtvedpigen er født HVOR, siger du?"

Det er nok meget godt at Inger Støjberg ikke blev født i bronzealderen, for så havde hun sgu da fået stress.

De brugte stadig stenøkser til rigtigt krævende opgaver, for visse ting går meget langsomt af mode. Bare se en grydeske af træ – fuldstændigt uforandret i over 7.000 år, plus/minus et dyrt indgraveret logo.

Graffiti kom på mode, og antallet af helleristninger, især de steder i Skandinavien hvor de faktisk har klipper, eksploderede. Jagt og sejlads og fyre, der hopper rundt på en båd – whatever det skulle betyde – blev hakket ned i sten for et godt ord.
Men stadig ingen skrift.
Til gengæld dukker der noget op, der tyder på en vis religiøsitet. Heste, mennesker, våben og smykker bliver ofret til guderne, gennem den sædvanlige kanal: Vand.
Hvis du roder nok rundt i bunden af en mose eller et vandløb finder du før eller siden et eller andet der er blevet tyret derned for at skaffe en bedre høst, besejre fjender, rejseforsikring eller hvad fanden man nu skulle bruge guddommelig indgriben til.

Samtidigt, andre steder

Det minoiske rige smadres i en naturkatastrofe som rammer Kreta og Santorini ca. 1600 fvt.

Zhou-dynastiet kom til magten i dele af Kina ca. 1050 fvt.

Iliaden og Odysséen skrives omkring 890 fvt.

De første Olympiske Lege 776 fvt.

Første "demokrati" i Athen 508 fvt.

Romerrigets storhedstid begynder ca. 750 fvt.

Et ordentligt jern

500 fvt-1000 evt

Da bronzealderen peakede i Danmark, havde de gang i mere smartarsery i Mellemøsten: Jern.

Jern er unægteligt noget hårdere end bronze, selvom det er mindre shiny, og vi kan lave det af ting i Skandinaviens egen undergrund.

Da opskriften på jernet omsider kom til Danmark var det via helt nye veje, for samtidigt havde romerne erobret alt hvad der var værd at erobre, rundt om Middelhavet og helt op til midt i England og Tyskland.

Romerne var fuldstændigt blottede for moral, og nogle af deres modstandere endda endnu mere blodtørstige, så dette var samtidigt en periode, hvor vold blev endnu mere moderne, end det havde været hidtil.

Skandinaverne lappede det hele i sig, og tilpassede tingene til deres egne behov.

I løbet af nogle hundrede år blev jern til stål, latinske bogstaver blev til runer, og nogle religiøse traditioner opstod med mulig inspiration fra østlige krigerstammer, græske og romerske guder, keltiske og germanske fortællinger, kristendommen, og hvor faen de ellers har fået det hele fra.

Odin, Freyja, Ymer, aser, vaner, trolde og nisser, og alle mulige andre karakterer dukker op, og hver landsby laver sin egen udgave, som de blander lidt med naboernes.

Altså ikke en organiseret religion, men nogle lokale traditioner, der trods alt har visse fællestræk med de fleste andre i Skandinavien og omegn (du ved: Keltere, Frisere, Germanere, Saksere… Det sædvanlige rakkerpak).

Parallelt med en vis tro på disse guder opstår der også en tradition for fortællinger som – rimeligt blasfemisk, efter moderne standarder – gør tykt grin med guderne. Odin, Thor, Loke og Freyja er simpelthen nogle lallende tosser i de fleste af historierne.

Og så bliver det lavet runesten, der fortæller om den og dens far eller kammerat som kradsede af ved et bestemt slag, osv.

Man husker også lige at nævne sig selv på stenen, og mange af stenene har sikkert haft det formål at sige *"dette stykke jord er fandme mit!"*

Især fordi de aldrig er gravsten. De står altid et andet sted end hvor liget ligger og flyder.
Man smadrer stadig nabobyerne og tager de overlevende som slaver, men da man opfinder den klinkerbyggede båd, som ikke behøver sejle langs kysterne, men kan bruges på åbent hav, og endda sætter sejl på, så starter det vi nu kalder vikingetiden.
Du skal have en båd med en dyb køl, for ikke at kæntre på åbent hav, og skifte til en fladbundet båd for at sejle på floder og søer. Medmindre du har et vikingeskib, for det kan det hele!
Altså kan du sejle over havet, ind ad en flod, bære skibet over land til en sø, grundstøde lortet på en strand, nakke folk, hugge sølvet, og være på vej hjem til din landsby før folk nåede at opdage hvad fanden der lige skete.
Du kan komme til England på et par dage, og til *"Miklagård"* – Konstantinopel – på under tre måneder.
Forinden var Romerriget i vest kollapset, den nye hovedstad var Konstantinopel, og i Vesteuropa var folk begyndt at fare rundt som forvildede høns.
Man kalder det *"folkevandringstiden"* med et smart ord.
Det skulle plyndres, skulle der. Og handles. Især med hvide slaver, stål og nordisk pels.
Med hjem skulle man have sølv, silke og knaldsmarte souvenirs.
I det nuværende Ukraine fandt man piger med blond hår, som man tog med hjem og bollede ind i genpuljen
Der begyndte at opstå få større byer som Uppsala, Ribe, Birka, Sigtuna, Dublin, osv.
Ude i Europa faldt tingene langsomt på plads, og den nye trend var kongeriger.
Så der opstod også små kongeriger i Skandinavien.
Og så bankede religionen på døren.
Kristendommen havde fået tag i flere og flere mennesker op gennem Europa, og mange af de smarte kongeriger uden for Skandinavien var baseret på den orden og redelighed, der fulgte med kristendommen.
Skandinaverne var ikke upåvirkede, og mange kunne godt se fordelene.
En powerbabe fra et sted syd- eller vestpå, ved navn Þyra giftede sig med en lokal spradebasse ved navn Gorm i Jelling, og fik sat orden på det vi nu kalder Danmark.

En grænsemur ned til alle tosserne i Europa, ved navn Dannevirke, et ordentligt skattevæsen, og et hierarki, så man vidste, hvem der bestemte hvor og hvor meget.
Hun er nu kendt som Thyra Danebod, og var hysterisk indflydelsesrig.
Hun var også kristen, og sagde inden sin død (vistnok) at *"Okay, I kan godt lave en hedensk gravhøj til mig, men I skal kraftedeme ikke smide mit lig ind i den – jeg vil have en ordentlig kristen grav!"*
Og gravhøj blev der lavet, skal jeg lige love for.
Hendes mand fik også lavet en stor runesten, hvor han skrev at han var konge fordi hans kone havde givet ham lov til at være det.
Men uden hende var han et fjols, og hans søn nakkede ham (måske) efter et par år, for en god ordens skyld, lavede en lidt mindre gravhøj til ham, og en endnu større runesten.
På den skrev han, at fordi hans mor havde givet ham lov, så havde han samlet hele Danmark og Norge, og erklæret at nu var hele lortet kristent.
Bum!
En tegning af stenen er trykt inde i alle danske pas.
Ja ja, det er Harald Gormssøn, bedre kendt som Harald Blåtand.
Af årsager som ingen fatter lavede han også en stribe ringborge rundt omkring i Danmark. De har vist aldrig rigtigt haft et fornuftigt formål, foruden lige at pisse territorium af.
Vikingetiden sluttede ikke med kristendommen, som mange tror. Den peakede faktisk her ved overgangen.
Langt de fleste runesten er lavet af kristne vikinger, og hele skibsladninger af unge mænd tog ud for at plyndre, eller for at lade sig hverve til den byzantinske (østromerske) kejsers hær, i vikingegarden, også kendt som den varangiske garde, i Konstantinopel.
Hvis vi lige stopper op et øjeblik og kigger på hvad det er for et Danmark vi taler om, så er det fra cirka Hamborg og op, inklusive Norge, Skåne, Halland, Blekinge, Øland, Gotland, og en bid af England.
Den store bid af England, kaldet Danelagen (*"hvor dansk lov gælder"*) var blevet reduceret ret kraftigt.
I 1066, altså godt hundrede år efter Harald Blåtand, fik de sidste vikinger i England en ordentlig røvfuld i slaget ved Stamford Bridge, og lod englændere være englændere.

Da havde vi trods alt også givet dem 200 år af vores tid, en god bid af deres kultur, en fjerdedel af deres sprog, en masse DNA, og nogle ordentlige manerer.
Det skal lige indskydes at 19 dage efter Stamford Bridge, i forbindelse med slaget ved Hastings, blev englænderne invaderet af Normannerne, som var en etnisk gruppe der er opstået ved krydsningen af danske vikinger og franske Asterix'er.
Man forstår godt hvis englænderne siger *"Fuck the Danes!"*

Samtidigt, et andet sted

Den kinesiske mur påbegyndes 700 fvt.
Buddhismen opstår omkring år 500 fvt.
Slaget ved Marathon 490 fvt.
Alexander den Store tæver Darius 3. af Persien 331 fvt.
Cholula pyramiden i Mexico bygges ca. 300 fvt.
Eratosthenes beregner jordens omkreds med en fejlmargin på 40 kilometer i år 240 fvt.
Silkevejen blev etableret 206 fvt.
Aristarchos fra Samos fastslår det heliocentriske verdensbillede, altså at jorden bevæger sig rundt om solen omkring år 200 fvt.
Papiret opfindes 200 fvt,
Romerne besætter Karthago og Grækenland 146 fvt.
Julius Cæsar blev myrdet år 44 fvt.
Romerne besætter England år 43 fvt.
De første kristne sekter opstår omkring år 30 fvt.
Et vulkanudbrud udrydder byen Pompeji i år 79.
Mayaernes "klassiske periode" begynder ca. år 200.
Armenien bliver det første land med Kristendommen som officiel statsreligion i år 300.
Det første koncil i Nicaea hvor biblen skabes i år 325.
Visigoter og germanere tromler det vestromerske rige fladt i 410.
Det vestromerske rige kollapser omkring år 500.
I år 536 skaber to store vulkanudbrud en global afkølingsperiode, ofte omtalt som *"tre år uden sommer"*. Det globale dødstal var enormt, og begivenheden menes nu at være oprindelsen til myten om *"Fimbulvintr"*.
Islam opstår omkring år 620.
Spanien og Portugal besættes af Umayyad kalifatet og bliver muslimsk i år 711
Karl den Store (Charlemagne) skaber det frankiske rige, også kaldet Det Hellige Romerske Rige i år 768.

Krudt opfindes i Kina omkring år 800.
Rurik, en svensk viking, etablerer Kievan Rus, et vikinge kongedømme i nuværende Rusland og Ukraine i 862.
Den Store Vikingeflåde angriber England i 866.
Vikinger etablerer sig i Island i år 874.
Vikingen Rollo etablerer Normandiet i 911.
Erik den Røde etablerer Brattalið i Grønland år 985.
Freydis Eriksdatter og Leif "den Lykkelige" Eriksen ankommer til Canada i år 1000 eller 1001.
Ethelred den Rådvilde udfører massakren på Sankt Brictiusdag, hvor næsten alle Danere i England myrdes fredag den 13. november 1002.

Valdemars sejr

1100-1300

Tilbage i Danmark havde de skaffet sig et problem på halsen. Kristendommen er smart nok, på den måde at det svarer til at blive medlem af både NATO og EU, på samme tid, og man nu har frit lejde til at røve, voldtage og nedbrænde alt der ikke er kristent, men det medfører desværre også en del kvindeundertrykkelse, og en deling af magten.
Kongen er konge, men han skal rette sig efter kirken, og kirkens nærmeste overhoved var ærkebiskoppen i Bremen, i det som nu er Tyskland, men dengang hed (super forvirrende) Det Hellige Romerske Rige.
Der gik flere hundrede år, før vi endelig kunne få en egen skandinavisk ærkebiskop.
Men det er ikke det vigtigste sted i den historie.
Jeg vil også springe let hen over en række fåking sindssyge magtkampe, som blot vil stå tilbage for dig som en masse navne, økser og blod i stride strømme, som får Game of Thrones til at ligne et afsnit af Gurli Gris…
Et highlight er Svend, Knud og Valdemar, som alle tre vil være konge. Til en forsoningsfest i Roskilde planlægger Svend at nakke de to andre, og lykkes kun med Knud. Espen Snare hjælper Valdemar (den store) og hans bror, biskop Absalon, med at stikke af til Jylland, hvor Svend følger efter. Det skulle han ikke have gjort, for der ender han selv med en økse i panden.
Så Valdemar tog det hele.
En anden konge ved navn Valdemar (okay, det hed de allesammen – så: Valdemar Sejr) havde fundet nogle mennesker i Estland, som endnu ikke var kristne. Fuld fart frem, de skal trynes og tæves, dræbes og gøres til slaver, og nedbrændes og ha' smæk!
Desværre mødte han en hær af hedninger som gjorde ham en smule hed om ørerne.
Heldigvis var der andre korsfarere i nabolaget, og fra dem huggede han en kappe.
Det er vigtigt at du lige forstår dette her: Indtil da havde enhver baron, greve, jarl, konge, magtgalning af enhver art, haft sin egen fane, med deres eget logo, som de selv, og deres soldater, brugte som

identifikation. En tilfældig bonde, som samlede den op og viftede med den, ville blive straffet strengt, måske med sit liv.

Ting nummer to: Man ville helst have den konge som tog mindst skatter, og færrest unge mænd til sin hær. Om det skiftede fra måned til måned var sådan set ligegyldigt, for man identificerede sig med sin lokale egn, ikke som undersåt i et bestemt kongerige.

Dette var en global tommelfingerregel.

Valdemar løftede den røde kappe med det hvide kors og skreg hysterisk, at dette fra nu af skulle være alle danskeres flag, som de kunne bruge efter forgodtbefindende.

Han opfandt altså det nationale flag, og ifølge visse kloge hoveder endda også den nationale identitet.

Han påstod også at skidtet var sendt til ham fra den gode Gud i Himmelen, men det lader vi bare stå…

Det var et genialt politisk træk!

Nu havde vi ikke blot et land der hedder Danmark, vi havde også et folk som hedder Danskere.

Ét land, én nation, ét folk, ét flag, én religion, to sprog.

Vi skulle lige have stokkeprygl af tyskerne, før vi blev reduceret til ét sprog, men det er stadig nogle hundrede år ude i fremtiden… (Uh, en cliffhanger!)

Samtidigt, andre steder

Det første korstog til Jerusalem i år 1099.

Det østromerske/byzantinske rige blomstrer omkring år 1100.

Inkariget opstår i Latinamerika omkring år 1100.

Hanseforbundet skabes i 1158.

Oxford Universitet grundlægges år 1177.

Saladin generobrer Jerusalem i 1187.

Den første japanske Shogun udnævnes i 1192.

Det mongolske rige etableres og begynder invasionen af Kina, Vietnam, Indien, samt dele af Mellemøsten og Europa omkring år 1206.

Marco Polo udgiver bogen om sine rejser i 1298.

Det Osmanniske Rige etableres i 1299.

Kvindemagt

1300-1500

Den næste karakter vi skal stifte bekendtskab med er Margrete Valdemarsdatter. Hun blev gift med kong Håkon, og sammen fik de sønnen – og tronarvingen – Oluf.
På grund af familierelationernes sære kringelkroge var Oluf i princippet arving til både den dansk-norske trone *og* den svenske.
Så vidt alt sammen fryd og gammen.
Men så kradsede først manden af, og siden sønnen, og så var det i princippet slut med det.
Men Margrete var en ambitiøs ung dame, der ikke lod sig slå ud så let, så hun adopterede en slægtning som tronarving og regerede på hans vegne.
Hvordan fanden hun slap afsted med det stunt, er der ingen forklaring på.
Ungen, Erik, var i øvrigt dum som et brædt, så selv da han blev voksen kunne hun fortsætte med at regere for ham.
Fik jeg sagt at hun var ambitiøs?
Oh yeah!
Hun ville regere hele lortet, og ved at true, lokke, udstede tomme løfter, og gøre de rigtige mennesker sure på hinanden, slap hun af sted med at skabe Kalmarunionen.
Vips var hun regent (med et antal stærkt omdiskuterede titler) over Danmark, Norge, Sverige (inklusive det nuværende Finland), Færøerne, Orkney, Shetlandsøerne, Island, Grønland, Slesvig, Holsten og et par steder til.
Svenskerne gik med til det for at slippe af med det tyske Hansaforbund, som reelt ejede landet på det tidspunkt.
Og hvordan tjener man så penge på alle de andre, og tager røven på Hansaforbundet?
Jo, ser du, mellem Helsingborg og Helsingør er der et latterligt smalt stræde, som man skal igennem for at komme fra Østersøen til Atlanterhavet. Altså al søfart til og fra den beboede del af Rusland, de baltiske lande, Polens eneste kyst og hele den østlige del af Tyskland.
De skulle allesammen betale øresundstold for at sejle igennem.

Og hvis hun ikke følte sig tryg ved hvad de havde gang i, kunne hun helt enkelt forhindre dem i at sejle igennem.
Ikke så meget pis: Her er det Margrete som bestemmer!
Måske blev hun hjulpet på vej af behovet for en stærk og indiskutabel centralmagt, for dette var perioden hvor pesten udraderede halvdelen af befolkningen.
Desværre døde hun selv af pesten, og så var det sønnikes tur til at fucke det hele op.
Relativt hurtigt blev han kørt ud på et sidespor af andre magtsyge typer, og gjort til hersker over en ubetydelig besiddelse i Pommern.
Han brugte dog det meste af sin tid på at sidde på Gotland og lege Østersøpirat.
Samtidigt blev den reelle magt distribueret ud på et kaotisk udvalg af lokale grever og baroner.
Unionen led under de efterfølgende konger under, at Sverige forsøgte at få mere og mere selvstyre, indtil Kristian den Anden syntes at nu måtte det fåking være nok.
Efter lidt slagsmål var der forsoningsgilde i Stockholm, og her samlede han de 80-100 mest indflydelsesrige mennesker, gav hånd, tilgav dem og så halshuggede han hele banden.
"Det Stockholmske Blodbad" lyder måske en anelse dramatisk, men hvis du besøger Stockholm vil du opdage, at de meget smalle brostensbelagte stræder, der går stejlt ned ad bakke fra Stortorget, bogstaveligt talt må have flydt i blod, hvis du havde kappet knoppen af omkring 100 mennesker der.
Det gav imidlertid bagslag, og en af de overlevende, Gustav Vasa, fik med succes samlet svenskerne til et reelt oprør, og Sverige forsvandt ud af unionen.
Den danske konge fik derefter, i Sverige, øgenavnet Kristian Tyran.
Til gengæld blev Margrete Valdemarsdatter gjort til dronning adskillige år efter sin død, da Danmarks nye dronning i 1972 tog titlen Margrethe den *Anden* for posthumt at hædre hende.

Samtidigt, andre steder

Tempelridderne arresteres og henrettes fredag den 13. oktober 1307.
Aztekerriget etableres og byen Tenochtitlan grundlægges ca. 1325.
Pesten ankommer til Europa omkring år 1347, og udsletter i årene efter halvdelen af Europas befolkning.
Jeanne D'Arc vinder slaget ved Orléans i 1429.
Medici familien tager magten i Firenze 1434.
Johannes Guttenberg opfinder løse typer og trykpressen i år 1439.
Konstantinopel falder til Osmannerne og det østromerske rige kollapser i 1453.
Al-Andalus, det muslimske kalifat i Spanien bliver besejret af kristne. Den spanske inkvisition begynder år 1492.
Christoffer Columbus ankommer til Caribien i 1492.

Glasvandtis?

1362

Alle kender myten om Atlantis, og mange kloge mennesker gætter på, hvor det lå.
Sandheden er at stigende vandstand siden afslutningen på istiden har fået adskillige øer, små lande og områder til at forsvinde, nogle gange langsomt, andre gange hjulpet ud over kanten af en vulkan eller et jordskælv.
Myten om Atlantis kan meget vel være en fiktiv sammenfatning af et tilbagevendende fænomen, og muligvis vulkanudbruddet og jordskælvet på Santorini og Kreta spicet op med andre katastrofer.
Der findes nogle, der mener at Atlantis i virkeligheden lå i Skandinavien. Komplet latterlig idé at en mand i Grækenland skulle beskrive en hændelse i Nordeuropa, når han havde mindst ti i sit eget lokalområde at vælge og vrage imellem.
"Men hvad er forsvundet i Skandinavien?" spørger du, og tak for det.
Doggerland, altså hele området mellem Jylland og England, forsvandt stille og roligt, og store områder rundt om vores kyster er også blevet snuppet af havet, et lille bølgeskvulp ad gangen. Når der blev fugtigt om fødderne, flyttede man.
No big deal.
Den helt store katastrofe (meget senere og stadig ikke f.... Atlantis!) er Rungholt vest for Sønderjylland (og Slesvig), i det nuværende Vadehavet.
16. januar 1362 forsvandt hele lortet i en oversvømmelse, og man regner med at over 7.500 mennesker druknede.
200 år efter var byens virkelige eksistens glemt, og de fleste mennesker troede, at den simpelthen var en fåking myte, selvom den fandtes på gamle kort og i handelsaftaler.
Rungholt blev en fantasyfortælling, man brugte til at skræmme børn og tåber.
Naturligvis brugte man det samme vås som altid: Borgerne havde glemt Gud, og derfor blev de straffet.
Eller man genbrugte Atlantis-myten og hævdede, at folk simpelthen var blevet for avancerede og højrøvede for deres eget bedste.
Men ingen voksne mennesker troede dog på, at den havde eksisteret i virkeligheden.

Lige indtil 1921 hvor der begyndte at dukke ting op af havet. Ikke bare småting, men møbler, og andre store ejendele i enorme mængder.
Mellem 1921 og 1938 begyndte der at dukke volde, brønde og bygninger op, og til sidst en hel kirke!
Nu spørger du måske *"hvordan helvede kunne folk tro, at det var en myte?"*
Pas. Aner det ikke. Men måske hjulpet på vej af at en vis etnocentrisme allerede var begyndt at brede sig i 1300-tallet, og Rungholts befolkning var primært Frisere.
Frisere hørte til kategorien *"pisse ligemeget!"* – der var ingen betydningsfulde familierelationer til folk i Danmark.
Stor ubehagelig katastrofe, og lige så hurtigt glemt som en hungersnød i Afrika.

Reformationen og Grevens Fejde

1520-1540

I Europa fandtes to forskellige grene af kristendommen. I vest den Romersk-katolske kirke, og i øst den Ortodokse kirke. Den ene prædikede og udgav bibler kun på latin, den anden kun på græsk. Danmark hørte naturligvis til den romersk-katolske kirke.
Den havde med tiden udviklet sig til en grad af magtfuldkommenhed, der var helt uacceptabel, lod folk sidde og lytte til vrøvl de ikke forstod, lod dem ikke læse teksten selv, solgte afladsbreve, og tog vanvittige skatter. Samtidigt bestemte kirken reelt over kongen.
To trusler holdt folk skakmat: Der er ikke et helvede i katolicismen, men en skærsild, hvor man skal brænde alle sine synder bort, inden man kommer i himmeriget. Alt hvad der gik kirken imod var en synd, men hvis man købte aflad – og bidrog økonomisk til kirkebyggeri (...) – kunne man forkorte sin tid i skærsilden.
Trussel nummer to var at blive ekskommunikeret – altså kylet ud af kirken – hvorefter himmeriget var udelukket.
De få mennesker som var dybt troende var rædselsslagne for at ikke længere være en del af den katolske kirke.
Men der var tilpas mange, der alligevel syntes, at den katolske kirke var noget fis.
England havde fx en serie-monogam konge, som havde en del problemer med at få sønner, og derfor skilte sig af med koner og fik nye, på samlebånd, blandt andet ved at halshugge nogle af dem. Men skilles kunne han ikke, for det ville kirken ikke være med til. Så han opfandt en engelsk kirke, som han selv var overhoved for. Fåk paven!
I Tjekkiet forsøgte reformatoren Jan Hus at få vippet den katolske kirke ud, men endte desværre selv med at miste hovedet.
I Frankrig måtte en hel masse såkaldte Huguenotter flygte – blandt andet til Danmark – efter at have forsøgt et oprør mod den katolske kirke.
Men i Wittenberg, i nutidens Tyskland, gik munken Martin Luther hen og slog 95 teser op på kirkedøren i 1517, og så blev der kraftstejleme ballade.
Det skal lige siges at når det fik international opmærksomhed denne gang, så hang det sammen med at Johann Gutenberg 75 år tidligere

havde opfundet tryk med løse typer (bogstaver), så derfor kunne alting sættes (layoutes), trykkes og distribueres ret hurtigt.
Katolicismen var god for grever og baroner i Danmark, men noget skidt for kongen, så naturligvis ville kong Christian 2. gerne skifte til den luthersk reformerte kristendom så hurtigt som han kunne få sin røv med sig.
Fra befolkningens synspunkt var der ikke meget at rafle om. De ville læse bivlen selv, slippe for alt det aflads-pjat, og så ville de ha' noget at drikke. Under en katolsk nadver får forsamlingen tørt brød, men "kristi blod" – altså altervinen – er forbeholdt præsten ("på menighedens vegne").
Så presset kom fra både top og bund, især i landets to største byer: København og Malmø.
Men ind imellem havde adelen travlt med at redde sin egen røv, så de lavede et stort nummer ud af at få afsat kongen, og få indsat en ny: Frederik 1.
Fred'rik var en snu satan, der udadtil støttede katolicismen, men i virkeligheden fik skåret en masse ledninger over, som gjorde den katolske kirkes magt over Danmark lidt besværlig, og da han kradsede af var landet for alvor delt.
Så der opstod borgerkrig – den såkaldte "Grevens Fejde" – hvor forskellige fraktioner forsøgte at få gud og hvermand indsat som den næste konge.
Til sidst faldt man over den eneste fornuftige løsning: Christian 3., som ville indføre den lutherske reformerte kirke, men uden at kappe skallen af dem, der havde støttet katolicismen.
Officielt blev Danmark reformeret den 30. oktober 1536.
Dermed blev Danmark det første sted, hvor et helt land overgik til den luthersk reformerte kirke på en gang.
Ud med paven, ind med bivler og gudstjeneste på dansk.
– og ind med altervinen.
Nu skulle kirken fåking blande sig uden om politik!
I 1550 udkom Christian 3.s bibel, som var den første oversættelse af hele bivlen til dansk.
Nu var kongen officielt overhoved for kirken, og kunne inddrage alt sølvet fra kirkerne, hvilket skæppede dejligt i statskassen.
Der skulle stadig betales tiende (10% skat!!!), men ikke længere til kirken. Kongen stod for inddrivelsen, og indtægten skulle ifølge recessen deles i tre: Én til aflønning af præster, én til vedligehold af

sognekirkerne, og én til kongen, der overtog aflønningen af de nye tilsynsførende superintendenter, hvilket en kort overgang var det nye navn for biskopper.
Samtidigt havde man ikke brug for tegneserier på væggene, nu hvor man kunne forstå hvad der blev sagt, så alle kalkmalerierne blev malet over med hvid kalk – hvilket ville have frydet alle moderne danske arkitekter.
Først de senere år har man forbarmet sig, og er begyndt at restaurere nogle af kalkmalerierne, for de er trods alt ret fede: Mord, sex, fortabelse, engle, djævle, skærsild og alt muligt andet godt heavy metal.

Samtidigt, andre steder

Der sker ikke en skid spændende!

Skåne er sgu da dansk

1500-1700

Når du kører igennem Sverige ser du tydeligt forskellen: Klipper, uendelige skove, store søer og rødmalede træhuse.
Men først når du kommer til Småland!
I Skåne ligner det til forveksling Danmark.
Sådan var det også for 400 år siden.
Dengang talte de endda dansk i Skåne, Halland og Blekinge.
Men du vil også – med en vis bondesnuhed – kunne se at landbrugsjorden i resten af Sverige ikke er fem potter pis værd.
Skåne er måske det mest værdifulde område i hele Skandinavien, med prima jord og fantastisk fiskeri.
Det kunne svenskerne godt tænke sig!
Sjovt nok kunne englænderne, de tyske Hansaforbund, med flere, også godt tænke sig at Helsingborg og Helsingør lå i hvert sit land, så de kunne slippe for den forbandede Øresundstold.
Så de besatte Danmark.
Anledningen var oplagt, fordi danskerne nogle år forinden havde tabt en fuldstændigt latterlig krig mod Sverige, over et komplet ligegyldigt landområde i Nordtyskland, og nu havde angrebet igen for at hævne tabet.
Først op gennem Jylland, og derefter vadede svenskerne bogstaveligt talt på isen over Lillebælt og Storebælt, og besatte Fyn og Sjælland.
Først da de kom til København mødte de seriøs modstand.
Københavnerne var bevæbnet til tænderne, havde rationer nok til en meget lang belejring, og overlegen forsvarsteknologi.
Ser du; en mur rundt om en by er god at have. Men hvis du bomber lortet nok med kanonkugler, så kollapser den før eller siden.
København havde ingen mur, men en vold af jord. Du kan bombe lige så tosset du vil, jordvolden sluger bare alle kanonkuglerne.
Svup!
Det var – som du kan forstå på alt den vaden rundt på isen – pisse koldt, og soldaterne begyndte at blive gnavne.
Til sidst mødtes man i præstegården i Høje Taastrup og underskrev Roskildefreden i 1658.
De svenske krav på store landområder og mange øer i Danmark-Norge, inklusive Færøerne og Island, var helt urimelige, men til

sidst fik man forhandlet sig frem til at Sverige fik Skåne, Halland, Blekinge, Øland, Gotland, Bornholm og Tronhjem. Resten måtte de holde snitterne fra.

Løftet fra svenskerne var at de nye svenske områder naturligvis ville få lov at beholde deres sprog og kultur, og danske regler om ejendom, arv, osv.

Dagen efter brød de løftet, og begyndte at forsvenske alting, blandt andet ved at brænde danske skolebøger og religiøs litteratur, imens der kom vognlæs med svenske bøger til Skåne. Attituden var: *"Hvad vil I gøre ved det, tabere?"*

Danskerne i Skåne var ikke super begejstrede, og startede øjeblikkeligt en guerillakrig.

Ironisk nok var svenskerne heller ikke vilde med det, og to år efter startede de krigen igen.

Denne gang fik svenskerne smæk, og en ny fredsaftale bekræftede Roskildefreden, med den undtagelse at Bornholm og Trondhjem blev dansk igen.

Den dansksindede guerilla fortsatte i Skåne, og blev hurtigt døbt "Snaphanerne".

Men det var ikke pisse imponerende, hvad de udrettede, og samtidigt flyttede mange svenskere til området, så danskheden blev stille og roligt udvandet.

Samtidigt, andre steder

De første afrikanske slaver ankommer til Caribien og Amerika i 1502

Kopper kommer til Amerika og udrydder millioner af mennesker, primært indfødte, i 1507.

Verdens første forlystelsespark, Bakken, etableres i 1583.

Rusland indtager Sibirien (ca. 80% af Ruslands nuværende areal) i 1592.

Førsteopsætningen af William Shakespeares "Romeo og Julie" i 1597.

Tokugawa perioden i Japan begynder år 1603.

Taj Mahal står færdigt i Indien år 1632.

Dalai Lama (5.) tager magten i Tibet og etablerer et teokrati i 1642.

Isaac Newton publiserer "Philosophiae Naturalis Principia Mathematica" 1687.

Dampmaskinen opfindes af Thomas Savery i 1699.

Heksejagt

1540-1693

Ligesom alle andre lande i verden har Danmark haft en tradition for *"kloge koner"*; kvinder som vidste hvad naturlige urter kunne gøre ved åbne sår, manglende rejsning, dårligt humør, og alskens andre ubehageligheder.
I den sene jernalder og tidlige middelalder kaldte man nogle af dem for *"Völver"*, og de kan nok bedst beskrives som en mellemting mellem shamaner og kvindelige præster, men hver landsby havde også autodidakte kloge koner.
Den popularitet som de nød, skulle dog ikke vare evigt!
Den spanske inkvisition, som startede da de kristne havde indtaget Spanien, og ville rydde ud i andre religiøse traditioner, spredte sig langsomt op gennem Europa, og med bogen *Malleus Maleficarum* (*Heksehammeren*) havde man en manual til at afsløre, dømme og straffe hekse.
Man regner med at mellem 40.000 og 50.000 mennesker er blevet henrettet for hekseri i Europa, ofte ved at blive brændt levende, imens yderligere 100.000 er blevet fordrevet eller udsat for hård vold.
Det påstås ofte, at kirken altid stod bag, men i de fleste tilfælde var det faktisk landsbyboere selv, som tog sagen i egen hånd.
I Danmark startede hekseprocesserne i 1540 og et sted mellem 1.000 og 2.000 kvinder – og nogle få mænd – blev retsforfulgt.
I halvdelen af alle sager blev de dømt til døden, mens den anden halvdel blev frifundet.
I både Danmark og Norge blev den heksedømte kvinde brændt levende, bundet til en stige, som blev væltet ind i bålet, når flammerne havde taget fat.
Antallet af dømte var en nedadgående kurve i perioden, især efter 1576, da alle dødsdomme i heksesager skulle appelleres til landstinget.
Efter ediktet fra 1686, at der ikke måtte afsiges dødsdom over hekse uden højesterets ord, ebbede heksejagten ud.
Den største danske hekseproces – *"Køge Huskors"* – foregik i 1612 i Køge, hvor mindst 15 kvinder blev dømt til bålet samtidigt.

En af de mest berømte heksesager var retssagen mod Maren Splids i Ribe. Hun var på vippen til at blive frikendt, da Christian 4. personligt blandede sig i sagen, og sikrede at hun blev brændt som heks den 9. november 1641.
Gad vide hvor uartig *hun* havde været?

Hold op med at være sådan nogle bonderøve!

1700-1800

Nede i Europa var udviklingen godt i gang, og alle fagområder gjorde fantastiske fremskridt. Kunsten trivedes og filosofien havde det godt. Humanistisk tænkning var den sidste nye trend.
Men i Danmark var det mørk middelalder, og den super indavlede konge, som brugte det meste af sin tid på at savle, onanere og skrige var ikke ligefrem en garant for nogle helt store moderniseringsgennembrud.
Heldigvis blev han pisse syg på en rejse til Slesvig, og en lokal læge måtte tilse ham.
Til alles fryd og forundring havde denne lokale læge, Johann Friedrich Struensee, et skide godt tag på galningen.
Så ham tog de med hjem til København.
Hurtigt fandt han ud af at med de rette greb kunne han få kongen til at lyde sine mindste bud, og endda give ham vidtrækkende beføjelser.
Jeg skal eddermame love for at han fik moderniseret Danmark i en fart.
Uddannelse, sanitet, borgerrettigheder, retsvæsen, hæren, og selv postvæsenet.
Det blev så moderne, at posten kom hurtigere og mere effektivt frem i 1760 end den gør i 2024!
Samtidigt sørgede han også for at give vigtige jobs til familie og venner, rage en god bid af statskassen ned i egen lomme, og gøre dronningen gravid.
Man skal jo også selv have noget ud af det.
Desværre var der nogle af landets baroner og grever der syntes at det var irriterende med alle disse reformer, som bedrøvede dem for magt og penge, så de kørte en hidsig smædekampagne mod Struensee, og fik ham til sidst dømt for majestætsfornærmelse.
Ud i Fælledparken med ham, af med hovedet!
Tusindvis af glade københavnere var mødt op som jublende tilskuere, men i dagene der fulgte blev de fleste af hans reformer rullet tilbage.

De havde også gerne klippet knoppen af dronningen, det det ville hendes far, den engelske kong Georg, sgu ikke finde sig i, så hun blev hentet af en engelsk fregat og sejlet til et slot i Tyskland, hvor hun fik lov til at rådne op, uden nogensinde at se sine børn igen. Hun døde 23 år gammel af skarlagensfeber, hvortil kongen bemærkede, at det var synd, for hun havde da pæne ben.
Ganske vist var Struensee pisse korrupt, men han var fandme noget af det bedste der er sket for Danmark.
I årene der fulgte rejste danskerne ud og skaffede sig nogle kolonier: Trankebar og Serampore i Indien, Nicobarerne (som blev kaldt Frederiksøerne), Dansk Vestindien i Caribien (Sankt Thomas, Sankt Jan og Sankt Croix), og Guldkysten i Ghana, i Afrika.

Samtidigt, andre steder

Store Nordiske Krig begynder mellem Sverige og Rusland i 1700.

Det første skib med kaffe ankommer til Amsterdam 1712.

"Den lille istid" (ca. 1350-1950) når sit højdepunkt i 1750.

Uret bliver opfundet i 1761.

Den amerikanske uafhængighedskrig bryder ud 1775.

Brødrene Montgolfier opfinder varmluftballonen i 1783.

Den franske revolution bryder ud 1789.

Vaccinen opfindes i 1796.

De forsvundne vikinger

980-1015 / 1720-1735

I år 982 havde Eiríkur "Rauði" Þorvaldsson (Erik "den Røde" Thorvaldsson) gjort sig selv så pisse upopulær på Island, at han blev dømt fredløs af et nævningeting. Altså tog han sit skib og sejlede nordpå.

Her fandt han de store grønne bakker, som udgjorde Grønlands sydkyst, og navngav derfor landet Grønland.

Efter en masse tøffen rundt og tjekken stedet ud rejste han tilbage til Island og hvervede 700 mennesker på 25 skibe, som rejste op for at kolonisere stedet.

Kun 14 skibe nåede frem på grund af lortevejr.

Nogle af dem byggede byen Brattahlið i Eriksfjord (Tunulliarfik fjorden), lige overfor hvor lufthavnen i Narsarsuaq nu ligger, imens andre rejste lidt længere nordpå og grundlagde Vesterbygden (ved det nuværende Nuuk) i Godthåbsfjorden.

Det gik fint et stykke tid, og der var masser af hvalros, som kunne spises, mens stødtænderne gik som varmt brød i Norge.

Til hans ærgrelse blev hans kone – Þjodhild – kristen og byggede i en kirke i Brattahlið, og fik omvendt revl og krat.

I år 1.000 rejste to af hans børn, Leif "den Lykkelige" Eriksen og Freydis Eriksdatter, i øvrigt til Vinland, i det nuværende Canada, som de første Europæere på det amerikanske kontinent.

Efter 15 år opgav de koloniseringen af Vinland (læs mere i min bog "Vikingologi").

Nu er der lige en detalje som er super vigtig for at forstå historien: Klimaet.

Fra ca. år 500 til ca. 1350 var der global opvarmning. Fra ca. 1350 til ca. 1950 var der global nedkøling. Og nu bliver det varmere igen…

Det er betydningsfuldt for at begribe, hvad ind i helvede de lavede.

Nordpå – langt nordpå – boede Inuitterne. Men vikingerne besatte ikke deres land; faktisk havde de to grupper mennesker ingen anelse om hinandens eksistens.

Men når vi så nærmer os slutningen af 1300-tallet, starten af 1400-tallet, sådan cirka, så er det pludselig ikke skide sjovt på Grønland mere.

Vintrene er lange og kolde, høsten slår fejl, Inuitterne flytter sydpå, og render ind i de her små vikingebyer, og pesten hærger i Europa, så de havne de plejer at handle med i Norge er komplet utilgængelige. Samtidigt kommer der pludselig stødtænder fra afrikanske elefanter til Europa; bedre og billigere elfenben end grønlænderne kan levere. Vi ved ikke præcis hvorfor og hvordan, men det korte af det lange er at nordboerne forsvinder fra Grønland, så Inuitterne nu er helt alene hjemme.
Den nyhed kommer bare ikke hjem til Danmark. Ikke så meget som en sms.
Alt hvad der er tilbage er løs snak om de danskere der bor deroppe.
Vi springer lige 300 år frem i historien.
I 1721 har den danske (norske) præst Hans Egede brugt ti år på at plage kongen om lov (og penge) til at futte op og fortælle dem den vigtige og glædelige nyhed at kristendommen er blevet splittet op i flere mindre virksomheder, blandt andet katolicismen og protestantismen, og vi tilhører nu den sidstnævnte.
Da han har snakket kongen mør, bliver han udnævnt til superintendent (biskop) over Grønland, og sendt af sted.
Hele projektet går komplet i hat og briller fra start til slut.
For det første finder han ikke en eneste viking. Kun ruiner.
For det andet er det ubegribeligt koldt og ugæstfrit.
For det tredje har en ikke specielt meget held med at omvende Inuitterne, selv efter – med møje og besvær – at have lært deres sprog, og samtidig opgivet at lære dem dansk.
For det fjerde giver kongen op i 1731, og beordrer alle hjem. Hans Egede med frue og børn, og nogle få frivillige bliver der.
For det femte er der en koppeepidemi i 1733, og hans kone skrider i svinget i 1735.
For det sjette er de danske politikere faktisk pisse ligeglade med om de lokale bliver omvendt, bare vi kan få gang i noget seriøs hvalfangst.
For det syvende er hvalfangst ikke en specielt indbringende gesjæft, og man må omstille til sælfangst, men på et lidt mere industrielt niveau.
For det ottende er *"industrielt niveau"* ikke skide kompatibelt med et fangerfolk på den yderste grænse af menneskelig overlevelse.
For det niende kræver en fordanskning af Grønland at alting sejles derop, for der er ingenting, ikke engang træer til tømmer.

For det tiende skal man sejle eller flyve for at komme fra en by til en anden, selv den dag i dag.
For det 11. kan man ikke sejle om vinteren, for der bliver vandet helt stift, og flyveren var ikke opfundet endnu. Nej, hundeslæde er ikke velegnet til alle typer terræn, og slet ikke til større varetransport.
Fra start til slut er det en fiasko, og Grønland er nok den dyreste koloni noget land nogensinde har kastet sig over.
På bundlinjen står der minus adskillige milliarder!
Det havde været bedre for Danmark – meget bedre – hvis kongen havde fastholdt sin oprindelige position: *"Luk nu røven, Hans Egede!"*
Jeg tillader mig at tro at Inuitterne er enige.

Samtidigt, andre steder

Tidsmæssigt noget rod, så det gider jeg ikke!

Ud med Stavnsbåndet!

1788

Mens USA smed englænderne ud og franskmændene gik og pønsede på at lave en revolution fik den danske adel lidt panik: *"Tænk hvis bønderne går amok her?"*
De havde sgu nok at gå amok over: De var de høje herres private ejendom, måtte hverken flytte eller eje noget, og hvis de ikke bukkede og skrabede og knoklede som svin, fik de en tur på træhesten.
Det var ren *Jeppe på Bjerget!*
Som konsekvens afskaffede man i 1788 – året før den franske revolution – stavnsbåndet.
Det betød, at bønderne nu kunne eje deres egen jord, og endda flytte et andet sted hen i landet, hvis de fik lyst.
Uden at spørge den lokale greve om lov, vel at mærke!
Se det ku' fandme noget, og jeg tror at selv de høje herrer gav hinanden high five, da den franske revolution nogle år efter skabte kø foran Guillotinen.

Hvad rager Napoleon os?

1797-1814

Mellem 1797 og 1814 var der vildt kaos i Europa: Rusland, Frankrig, Sverige, de tyske fyrstendømmer, Preussen og England sloges vildt med hinanden på kryds og tværs, og skiftede alliancer hurtigere end nyhederne kunne nå frem til de mænd der rendte og skød på hinanden. På et tidspunkt ragede Danmark uklar med England, uden helt at forstå hvad det handlede om, hvilket førte til Slaget på Reden, hvor kampe blev udkæmpet ud for København, mens halvdelen af den danske flåde lå i dok og ikke var kampklar. Resultatet var sådan lidt pø-om-pø.

Som sagt var alliancerne lidt uigennemskuelige, men Danmark ville i hvert fald ikke alliere sig med England, af frygt for at Napoleon skulle komme og smadre os.

Omvendt ville man heller ikke alliere sig med Napoleon, for han havde en amourøs affære med Sverige, som havde set sig lune på Norge.

Deres forhold var så hedt, at da den svenske konge kradsede af, uden at efterlade sig en brugbar tronfølger, fandt Napoleon på at han da forresten havde en general, som han ikke lige brugte til noget fornuftigt, og som da derfor snildt kunne blive konge af Sverige.

I et snuptag blev den franske general Jean Baptiste Bernadotte tryllet om til Karl den 14. Johan af Sverige.

Jean Baptistes – Undskyld: Karl den 14. Johans – kone var ikke skide begejstret. Hun kom til kroningen, blev dronning, rejste hjem til Paris et par dage efter, og nægtede resten af sit liv at sætte fødderne i det pisse kolde lorteland af bonderøve.

Anyway… Englænderne krævede nu at Danmark skulle aflevere sin flåde til dem, så Napoleon ikke kunne få fingre i den.

De havde jo oplevet, ved Slaget på Reden, at selv når den ikke var kampklar, kunne den alligevel bide fra sig.

Den danske konge nægtede kategorisk.

Derfor kom englænderne og bombarderede København med brandbomber, så hele lortet brændte ned, imens næsten 2.000 mennesker blev slået ihjel.

Og så skred de med hele den danske flåde på slæb.

Derefter følger noget mere kaos, danskerne lykkes at rage uklar med Gud og hver mand, og da det hele slutter med et brag står de fuldstændigt på den tabende side.
Ved fredsforhandlingerne i Kiel, i 1814, blev det besluttet at Danmark skulle afstå Norge til et løst forbund med Sverige, men fik lov til at beholde de oversøiske norske områder: Grønland, Island og Færøerne. Årsagen var, at svenskerne ikke ville have råd til at opretholde disse øer.
Ironisk nok, for i 1813, altså året inden, var Danmark gået statsbankerot.
Imidlertid gjorde nordmændene oprør, og indsatte den danske statholder kronprins Christian som konge. Men det ville svenskerne ikke finde sig i, og mosede dem ret hurtigt.
Til gengæld fik nordmændene vidtstrakt selvstyre, kælede meget med danskerne og fik i 1905 fuldstændig selvstændighed.
Svenskerne gad simpelthen ikke deres pis mere, og adskillelsen af unionen forløb helt fredeligt.
Efter at et nationalt referendum fastslog, at det norske folk gik ind for monarki frem for republik som statsform, tilbød den norske regering tronen til den danske prins Carl. Stortinget valgte ham enstemmigt til den første konge, og han besteg tronen under navnet Haakon 7. af Norge.
Der har været seks Haakoner forinden, som norske lokalkonger i middelalderen…
Ved sin død i 1957 havde Haakon endnu ikke lært at tale norsk.
Det er vildt fascinerende at se gamle film med den norske konge, der taler til det norske folk på dansk.

Guldalderen, Grundloven og Grundtvig

1800-1850

I årene mellem 1800 og 1850 var Danmark blevet reduceret til en komplet ligegyldig forstad, og danskerne ledte desperat efter hvad-som-helst de kunne være stolte over.
Det fik nogle til at stramme balderne, og fik kunsten og filosofien til at peake.
Det var, som om den nationale krise fik det bedste frem i Søren Kierkegaard, N.F.S. Grundtvig, H.C. Andersen, C.W. Eckersberg, Bertel Thorvaldsen, August Bournonville og H.C. Ørsted.
Det var ikke kun nationalromantik, men begyndte også at blive seriøst politisk.
Grundtvig var en præstesøn, som skulle frem i verden. Han var pisse ligeglad med, hvad folk tænkte om hans idéer, og han blev heller ikke specielt populær i sin egen levetid.
Men han lykkedes alligevel at få stor indflydelse.
Højskolerne – som skulle udbrede almindelige kundskaber til revl og krat – blev opfundet af ham, og hvis du har gået på efterskole skulle jeg hilse at sige at de er stærkt inspirerede af hans højskoler.
Hans påhit var simpelthen at folk skulle lære hele livet, og at de skulle kunne tænke selv, og tage selvstændige beslutninger – både i det verdslige og i det religiøse.
Hverken kongen eller kirken klappede i deres hænder af fryd. For at sige det mildt.
Hans eftermæle er til gengæld ret imponerende, med flertallet af sange i Højskolesangbogen og salmer i salmebogen, en stor kirke opkaldt efter sig, og en benævnelse som fritænkere har givet sig selv i mange år, i Danmark: *"Grundtvigianere"*.
Hertil skal du lægge den mest moderne uddannelsestænkning for sin tid.
På mange måder er Grundtvig far til det moderne Danmark.
Rundt omkring i Europa fik folk mere og mere selvbestemmelse, eller ligefrem demokrati, og kongen var nødt til at gøre noget, for ikke at ende på skafottet.
Første forsøg var *Stænderforsamlingerne*, som gav lokale baroner og grever mulighed for at samle de lokale VIP's og tage lokale beslutninger.

Eller… Beslutninger er så meget sagt, for Stænderforsamlingerne var faktisk kun rådgivende, så kongen kunne med sindsro sige: *"Nej, tak, det vil jeg ikke bede om!"*

Men så skete der noget, da den nye konge, Frederik den 7., indtog tronen.

Især fordi tronen ragede ham langsomt.

Han ville skide kongemagten og sin dronning en lang march, sidde på sit mikro slot i Jægerspris og fiske i voldgraven, ud gennem vinduet, og hænge ud med sin elskerinde, tidligere danserinde på Det kongelige Teater Louise Christine Rasmussen. Han var i øvrigt nu i sit andet ægteskab efter en hurtig skilsmisse og et nyt ægteskab, som han var endnu mere kold overfor.

Så længe han kunne beholde sin titel og status var han sådan set bedøvende ligeglad hvem der bestemte, og med deltagelse af Grundtvig blev der udformet en grundlov, som sikrede konstitutionelt demokrati i Danmark.

Samtidigt blev han lige gift *"til venstre hånd"* med Louise, som fik titlen *"Grevinde Danner"*.

Adelens besked var ret entydig: *"Siden du er konge er det okay med det polygami-show, men hvis du får unger med hende danserinden, så har de sgu ikke arveretten til tronen!"*

Det var dog ikke noget der kunne bringe hans pis i kog.

Samtidigt, andre steder

Napoleonskrigene bryder ud i 1803.
Forladegeværet og -pistolen opfindes i 1815.
Fotografiet opfindes 1827.
Første elektriske motor i 1829.
Første moderne politi etableres 1829 i London.
Al slaveri forbydes i det britiske imperie i 1833.

Mallebrok er død i krigen

1864

Slesvig og Holsten er to dele af Danmark, der altid har været en *pain in the arse.*
Kongens titel har oftest været *"Konge af Danmark og Hertug af Slesvig-Holsten"*, eller noget i den retning, fordi de havde en eller anden form for særstatus.
I Holsten og det sydlige Slesvig talte folk tysk, imens det var lidt mere blandet i det nordlige Slesvig.
Da Tyskland – under ledelse af Preussen – begyndte at konstituere sig som et samlet rige, måtte Danmark give afkald på Holsten, og så begyndte slagsmålet om Slesvig. Skiftevis afstemninger og skyderi, for at gøre en lang historie kort.
I 1864 besluttede den danske konge, at nu er det kraftstejleme nok, og gik i krig med Preussen.
Det skulle han aldrig have gjort!
Den lille bitte danske hær var dårligt bemandet, dårligt udstyret, dårligt forberedt og ikke specielt engagerede, politikerne pressede på, og kongen havde stadig sit *"Ny i job"* badge på.
Slutningen på det hele blev at danskerne fik en kolossal røvfuld ved Dybbøl.
Vi mistede hele Slesvig, og nu gik grænsen ved Kongeåen, lige syd for Kolding.
Det gjorde nas, men fordelen var, at nu var Danmark ét land, én nation, ét folk, med ét sprog.

"Hvad udad tabes skal indad vindes"

1864-1890

Efter tabet af Skåne, Halland, Blekinge, Gotland, Øland, Norge, og nu også Slesvig og Holsten, var danskerne et lille såret folk med alvorlige ridser i lakken.
Fy for helvede, hvor gjorde det ondt i sjælen.
Nu skulle der eddermame konsolideres!
Landbruget blev moderniseret, der blev bygget jernbaner overalt, industrien ekspanderede med raketfart, og befolkningen i København voksede fra 100.000 til en halv million.
Voldene blev nedlagt for at skabe plads til at lade byen vokse vildt.
Samtidigt opfandt man andelsbevægelsen, hvor en stor gruppe mennesker med hver et par skillinger på lommen kunne stable en stor investering på benene sammen.
Det var der, vi begyndte at trykke Dannebrog på alt fra guirlander til lokumspapir, og så var der en arkæolog der begik en genistreg!
Jens Jacob Asmussen Worsaa skrev en lille ubetydelig bog om hans tanker omkring arkæologiske fund fra sen jernalder og tidlig middelalder. Indholdet af bogen er direkte uinteressant, men titlen fik danskerne til at danse rundt i gaderne: *"Danskernes kultur i vikingetiden"*.
Bare smag på ordet: *"Vikingetiden"*.
Aldrig har danskerne været så selvfede!
Sverige, som lige havde mistet store dele af Finland til Rusland, havde lige så ondt i sjælen, og tog begrebet til sig uden tøven.
De islandske sagaer, Snurri Sturluson, Saxo Grammaticus og Holger Danske var de nye stjerner.
Folk begyndte at lægge blomster foran runesten, selvom de ikke havde en kæft anelse om hvad der stod på lortet.
Nye gader fik navne som *"Heimdalsgade"*, og så videre.
Nogenlunde samtidig blev der på en tysk operascene skabt et stykke fabelagtig ikonografi: Horn i hjelmen.
Det var mageløst!
Okay, okay, vi har været lidt uheldige de sidste 7-800 år, men *inden* da; der var vi saftsuseme nogle overlegne karle!

Den nye strid vi stod overfor var indbyrdes: Med folk som Louis Pio i spidsen blev der skabt en arbejderbevægelse og det som senere skulle blive til Socialdemokratiet.
Arbejdere som strejkede og demonstrerede, og fik tæv af politiet, arbejdsgivere som lavede lock out, og så videre og så videre.
Til sidst faldt det hele i hak, der blev lavet fornuftige aftaler, så industrien kunne halte videre, arbejderne få bedre vilkår og en lidt mere rimelig løn, og Louis Pio fik en stor pose penge for at skride til USA og *blive* der.

Samtidigt, andre steder

Krim-krigen bryder ud i 1853.
Charles Darwin udgiver "On the Origin of Species" i 1859.
Røde Kors grundlægges 1864.
Afslutningen på den amerikanske borgerkrig 1865.
Slaveri forbydes i USA i 1865.
Tyskland etableres i 1866.
Cyklen opfindes i 1868.
Suez kanalen indvies 1869.
Danskeren Rasmus Malling-Hansen opfinder skrivemaskinen i 1870.
Jeans og pigtråd opfindes 1873.
13 millioner kinesere dør af sult i 1876.
Wagners opera "Der Ring des Nibelungen" uropføres, og vikinger med horn i hjelmen introduceres i 1876.
Telefonen introduceres 1878.
Elektrisk lys opfindes i 1879.
Papkassen opfindes 1890.

Slaver er for dyre i drift

1792-1917

Landbruget i Danmark havde det godt, og en af de afgrøder der var et hit var sukkerroerne på Lolland.
Siden begyndelsen af 1700-tallet havde sukker været det hvide guld.
Sukkerrør, som kommer fra Nordafrika, vokser godt og hurtigt i Caribien, og hele Caribiens økonomi var baseret på at koloniherrerne fragtede afrikanske slaver til Caribien for at plante og høste sukkerrør.
Men i midten af 1800-tallet var der en tysker som havde succes med at mixe sig frem til en roe, der producerer bedre, mere og væsentligt billigere sukker.
Meget lettere, for lortet kan gro på Lolland.
For kolonierne i Caribien var det super dårlige nyheder.
Dansk Vestindien var beboet af nogle danskere, men også en del hollændere og englændere, som ejede gårde med en masse afrikanske slaver, og de stirrede på en kurve, der gik fåking stejlt nedad.
Det var så grelt at den danske stat måtte betale landbrugsstøtte til alle gårdene, selv dem hvor ejeren ikke var dansk.
I 1792 havde den danske regering, som den første i Europa, indført et forbud mod transatlantisk slavehandel, hvilket betød at kun de såkaldte *"kreolere"*, altså slaver født af slaver, var tilgængelige, og den trend havde bredt sig. Men flere og flere steder i Caribien havde man også givet slaverne udstrakte friheder, eller ligefrem frigivet dem helt.
Det gjorde at slaverne i Dansk Vestindien begyndte at blive rimeligt ambitiøse i forhold til deres egen frihed.
Det gjorde jo ikke sagen lettere.
Eller billigere…
I 1827 efterlod Peter Carl Frederik von Scholten kone og fem unger i København og rejste til Dansk Vestindien som Generalguvernør.
Ikke – bestemt ikke – for at gøre sig selv skide populær mellem gårdejerne!
Efter et stykke tid mødte han sin ekstra hjerte dame, og med hans kones velsignelse hjemmefra flyttede Anna Elizabeth Heegaard ind i hans embedsbolig og seng.

Det må have skabt en rimeligt fåking anstrengt stemning, når slaveejere kom for at mødes med hans Excellence Generalguvernøren i embedsboligen, og blev høfligt modtaget i døren af hans uofficielle kone i en smuk kjole efter den seneste danske mode.
For på trods af sit meget danskklingende navn var Anna nemlig en frigiven slave af afrikansk oprindelse.
Bare rolig, det bliver meget værre!
Peter syntes da at slaverne skulle forberedes for frigivelse, og indførte slaveskoler, hvor de lærte at læse og skrive, historie og bibelvers, og så videre.
Altsammen på engelsk, som var det sprog, der blev brugt i Dansk Vestindien.
Det betød, at de nu sad på skolebænken, når de burde være ude og knokle i marken.
Samtidigt fik de lørdagen fri, hvor de kunne tjene penge, med mulighed for siden at købe sig fri.
I 1847 besluttede kong Christian 8. at alle slaver skulle være frie fra 1859, og at fra dags dato ville alle nyfødte blive født frie.
Det var mildt sagt en lortebeslutning!
"Du, min søn, er fri, imens jeg, din mor, er slave."
Det klinger ikke specielt godt.
Så der blev oprør i 1848, og den danske flåde lå ude på revet, klar til at rykke ind og skyde revl og krat.
Det syntes Peter alligevel ville være tosset, så for at undgå vildt skyderi stillede han sig 3. juli 1848 op på taget af regeringskancelliet og brølede: *"Now you are free, you are hereby emancipated!"*
Christian 8. var ikke skide begejstret for initiativet, og den 14. juli blev Peter fyret på gråt papir og sendt hjem til København for at få skældud.
I 1851 blev han dømt for embeds- og magtmisbrug, og frataget både sine titler og sin pension.
Senere blev han ved en appel i Højesteret igen tilkendt sin pension.
Da han døde i 1854 var hans nekrolog i Berlingske Tidende helt enkelt en udregning af hvor mange penge Danmark nu sparede på hans pension.
Du sidder måske med et enkelt spørgsmål: *"Hvordan kunne danskerne acceptere slaveriet?"*.

Jeg kan kun svare med et modspørgsmål: *"Hvordan kan du? Jeg går ud fra at du har en mobiltelefon; hvordan tror du råstofferne er kommet op af jorden?"*
Der var undtagelser fra friheden, blandt andet for at *"beskytte"* forældreløse børn af slaver, og på den måde var Victor Cornelins og hans søster stadig officielt slaver, da de i 1905 kom til Danmark.
De blev først udstillet i Tivoli og senere i Zoologisk Have, hvor begejstrede gæster vovede en finger, når de fodrede *"kannibalerne"* med gulerødder gennem tremmerne.
Søsteren døde kort efter ankomsten til København.
I 1917, efter en folkeafstemning i Danmark, blev disse meget dyre øer solgt til USA for 25 millioner dollars.
Amerikanernes interesse skyldtes blandt andet havnen i hovedstaden Charlotte Amalie, da man netop havde færdiggjort Panamakanalen.
Aftalen indeholdt en klausul, som sikrede at Danmark kunne tilbagekøbe øerne for det samme beløb efter hundrede år, altså i 2017. Muligheden blev dog aldrig taget op i Folketinget.
Sammen med salget af det som nu hed United States Virgin Islands fulgte nogle aftaler, blandt andet at USA anerkendte Danmarks besiddelse af Grønland, og at USA ville arbejde for at Slesvig igen skulle blive dansk.
I forbindelse med salget blev Victor Cornelins fri, og kunne nu vælge om han ville returnere til sin fødeø, eller om han ville blive i Danmark.
Han valgte det sidste, og fik i Danmark en uddannelse som lærer.
Hans karriere sluttede som viceforstander på en skole i Nakskov, på Lolland (ironisk nok), hvorefter han turnerede Danmark rundt som foredragsholder og musiker.
Når han var i Nordsjælland, overnattede han hos min familie, så jeg har kendt en af Danmarks sidste slaver.
Jeg var 15 år gammel, da han døde i 1985.

Samtidigt, eller lidt senere, andre steder

New Zealand bliver det første land i verden med kvindelig stemmeret i 1893.
Flyvemaskinen bliver opfundet i 1903.
Norge opløser unionen med Sverige i 1905.
Einsteins relativitetsteori offentliggøres 1905.
Titanic synker 1912.
Samlebåndet opfindes i 1913.
Danskeren Niels Bohr opdager atomet i 1913.
Panamakanalen åbner 1914.
Først verdenskrig bryder ud i 1914.

Verdenskrig? Det bliver uden os!

1914-1918

I starten af 1900-tallet var stemningen rundt omkring i Europa rimeligt anspændt, og i 1914 brød verdenskrigen ud.
Men Danmark, som ikke havde haft det store held i de seneste krige, skulle satme ikke have noget klinket.
Så vi holdt os totalt udenfor.
På den måde vandt vi ironisk nok krigen.
De store tabere var det Osmanniske Rige og Tyskland.
Alle steder hvor der var en blanding af sprog og kulturer blev skåret ud af Tyskland og givet til nabolandene.
En bid til Polen, en bid til Frankrig, en bid til Tjekkiet og en bid til Danmark.
Slesvig blev skilt ad i Nordslesvig og Sydslesvig, og vi fik den øverste.
Da vi ikke gad mere pis med dem, skyndte vi os at omdøbe Nordslesvig til Sønderjylland, og kongen kunne under stor jubel ride over den gamle grænse.

Samtidigt, og derefter, andre steder

Den russiske revolution bryder ud i 1917.

Første verdenskrig slutter 1918.

Børsen crasher i New York og depressionen begynder i 1929.

Som det første land i verden afkriminaliserer Danmark homoseksualitet i 1933.

Anden Verdenskrig begynder i Asien i 1937.

Anden Verdenskrig bryder ud i Europa i 1939.

Skal fruentimmere nu også stemme?

1915

Da Danmark blev et konstitutionelt monarki – altså demokrati – med Grundloven af 5. juni 1849, og Danmark fik sit første folkevalgte parlament, var det som i så mange andre lande et demokrati for de få. Kun ustraffede, selvforsørgende mænd over 30 år med egen husstand var stemmeberettigede og valgbare. Kvinderne, halvdelen af landets voksne befolkning, var ikke inkluderet i det politiske liv, og skulle bare blande sig fåking udenom.
(Danmark havde indtil grundlovsændringen i 1953 et parlament ved navn Rigsdagen med to kamre: Landstinget og Folketinget. I 1953 blev Landstinget nedlagt, og Rigsdagen skiftede navn til Folketinget.)
Debatten om kvindernes adgang til Rigsdagen startede for alvor, da venstrepolitikeren Frederik Bajer i 1886 fremsatte et lovforslag om kommunal stemmeret til kvinder. Forslaget blev fremført igen og igen af Venstre og Socialdemokratiet i flere årtier, men resultatet var hver gang det samme: Forslaget blev vedtaget i Folketinget, men nedstemt i det Højre-dominerede Landsting.
Det var i de gode gamle dage, hvor de konservative hed *"Højre"*, og faktisk var til højre for Venstre.
Det var også en tid, hvor nogle mænd var tilhængere af kvindelig stemmeret, og nogle kvinder faktisk var modstandere (prøv lige at vride din hjerne rundt om det!).
I de sidste årtier af 1800-tallet mobiliserede tusindvis af kvinder sig i kampen for stemmeret og forvandlede kvindevalgretssagen fra noget *"Københavneri"* til en landsdækkende folkelig bevægelse. I 1907 dannedes paraplyorganisationen *"Landsforbundet for Kvinders Valgret"*, med 160 lokalafdelinger og ca. 12.000 medlemmer rundt om i landet.
I 1908 skete der endeligt noget: I forbindelse med en omfattende reform af valgsystemet fik kvinderne stemmeret og blev valgbare til kommunale råd.
Ved kommunalvalget 1.-15. marts 1909 stod kvinderne derfor for første gang på stemmesedlerne og gik til valgurnerne. 127 kvinder blev valgt ind i kommunalrådene.

De kvindelige kommunalpolitikeres arbejde blev en platform for at skaffe kvinderne stemmeret også til Folketinget og Landstinget i Rigsdagen.
Den 5. juni 1915 blev grundloven ændret, og endeligt fik kvinderne ret til både at stemme og opstille til rigsdagsvalg.
Nu kan man jo godt undre sig over at det det gik så relativt fredeligt og hurtigt at få gennemført noget så pjattet som kvindelig stemmeret, men måske er der nogle der har læst aviser og set hvad der kan ske hvis de *ikke* får det på den nemme måde.
I England gik forkæmpere for kvindelig stemmeret – de såkaldte *"suffragetter"* – nemlig til stålet på en helt anden håndfast måde.
Først holdt de taler, så delte de brochurer ud, så holdt de møder, derefter demonstrerede de, og til sidst begyndte de på brandstiftninger og terrorbombninger.
Faktisk er den engelske suffragettebevægelse den mest aktive terrororganisation i Europas historie, med flere ugentlige angreb.
Det skal nok have fået en eller anden dansk højrepolitiker til at tænke *"fy for helvede, det skal vi alligevel ikke bede om – så må vi hellere lade hystaderne stemme!"*.
Med grundlovsændringen i 1915 fik tyende og tjenestefolk – altså folk der ikke havde deres egen husstand – også stemmeret.
Mellem 1915 og 1961 blev valgretsalderen nedsat i små hak – med forskelle på kommunalvalg, sognerådsvalg og folketingsvalg – til myndighedsalderen, som på det tidspunkt var 21.
I 1976 blev myndighedsalderen nedsat til 18, og to år efter fulgte valgretsalderen efter.
Der er stadig et stykke vej tilbage, før der er fuldstændig ligestilling i Danmark.
25-årig kvinder har sværere ved at få jobs end jævnaldrende mænd, fordi der truer en barselsorlov lige rundt om hjørnet, og barselsorloven bliver stadig primært holdt af kvinder, hvilket betyder at deres karriere får ridser i lakken.
Dette er en medvirkende årsag til, at kvinder statistisk set stadig får en lidt lavere løn end mænd inden for de samme fag.
Måske endda også hvorfor der er så få kvinder i bestyrelser og politik.
For de ældre generationer, hvor lønforskellen typisk har været væsentligt større, sidder manden typisk med hele

pensionsopsparingen på sin konto. Når han vil skilles for at blive splejset med en yngre model, er konen derfor rimelig meget på røven.

Den generation hvor mændene sad på hele kagen, og ikke kunne koge vand uden at lortet brændte på, er heldigvis ved at uddø.

Men også ude i de små hjem brænder lokummet, fordi manden typisk udfører 20 minutters husligt arbejde hver dag, imens kvinden typisk udfører to timers *"småting"*.

Hvis du er en mand der læser dette, så læg bogen fra dig, gå ud og tøm opvaskemaskinen, fyld vaskemaskinen og grib støvsugeren.

Bagefter kan du lige stønne dig igennem skolens intranet, inden du sætter mad i ovnen og læser videre.

Efter aftensmaden, når du har fyldt opvaskemaskinen og bager boller med ungerne, skal du lige huske at spørge din datter om Camilla stadig er en super dårlig prinsesse.

Husk at tage vasketøjet ud af vaskemaskinen og hænge det til tørre, som ikke skal i tumbleren.

Vi skal dog også huske at klappe os selv på skulderen, for problemet med manglende ligestilling er væsentligt større i mange andre lande.

Når vi er kommet så langt betyder det at det nytter at arbejde på sagen, og at vi nok skal komme i mål en dag.

Besættelsen

1939-1947

2. verdenskrig startede i 1939 da Tyskland ville have nogle af de tabte bidder tilbage og invaderede Polen.
Du skal lige ha' lidt forhistorie, for helt at fatte hvad fanden der foregår.
Som sagt havde vinderne af første verdenskrig skåret bidder af Tyskland for at stikke dem til nabolandene.
For det andet havde de tvunget Tyskland til at betale krigsskadeerstatning til vinderne, ca. 25% af deres bruttonationalprodukt, i 100 år, altså indtil 2018.
For det tredje var verdensøkonomien gået ad helvede til i 1929.
Så tyskerne led!
Når folk samler krummer op fra gaden for at overleve, er de rimeligt nemme at manipulere.
Jødehadet, og hadet til *"blodsugerne"* i de omkringliggende lande, fik flere og flere til at sige komplet absurde ting.
Adolf Hitler, som havde siddet på værtshuse i Munchen og skreget sine vanvittige ting ud, blev fængslet, fordi myndighederne helt rigtigt bedømte, at han var syg i roen.
Men da han blev løsladt, var der nogle ligesindede galninge som ventede på ham.
"Vi kan da sagtens bruge dig som talsmand for det Nationalsocialistiske Arbejderparti!"
Når folk er ophidsede, er det altid ekstremerne, som trives. I Tyskland var det kommunisterne og nationalsocialismen, de to yderfløje, som gik frem, på bekostning af de mere chill midterpartier.
Og så gik det hak i hæl, indtil denne østrigske statsborger blev kansler i Tyskland.
For at cementere sin magt brændte han Rigsdagen ned, og gav kommunisterne skylden, så han kunne indføre undtagelsestilstand.
Altså afskaffe demokratiet.
Og folk skulle bede om det!
En masse tomme løfter om biler og radioer til folk, oprustning og motorveje, industrien blomstrede, og der blev trykt penge uden dækning i stride strømme.

Samtidigt gav han nabolandene fingeren, og sagde *"slut med at betale krigsskadeerstatning – I får ikke en krone!"*
Og det slap han af sted med.
Ingen fåking reaktion.
Og så af sted til Polen!
Englands premierminister Churchill, som netop havde landet en aftale om *"fred i vor tid"* og udtalt, at Hitler virkede som en *"rimelig mand"*, var nu nødt til at erklære krig mod Tyskland.
Danmark er kun interessant af en eneste grund: Helsingør.
Den som styrer Helsingør bestemmer, om man kan komme fra Østersøen ud i Atlanterhavet.
Det gælder også Ruslands eneste isfri havn: Sankt Petersborg (dengang Leningrad).
Så Tyskland var nødt til at besætte Danmark.
Det tog fem minutter.
Fyld himlen over København med bombefly, og ring til den danske statsminister: *"Accepter vores tilstedeværelse eller vi bomber jer tilbage til stenalderen"*.
Vi åbnede grænserne så de kunne komme ind.
Og så var der gæster.
De tyske soldater var vilde med at være i Danmark. Alternativet ville trods alt være at opholde sig et sted, hvor der faktisk var krig.
Jeg vil ikke nedgøre, hvor irriterende det var at være besat af de svin, men sammenlignet med næsten alle andre besatte lande var det en rimeligt fredelig besættelse.
Der var en lille modstandsbevægelse, som lykkedes at skyde eller bombe nogle få tyskere, og en del af modstandsbevægelsens medlemmer endte deres dage foran en henrettelsespeloton.
Men en familie som lavede en omgang varm mad kunne sagtens finde på at sende en portion ud til den unge tyske soldat som stod vagt på gaden, for – herregud – det ynkelige skind på 17 år havde jo ikke selv bedt om at være her.
Det var jo i *"den lille istid"* og det var gudsjammerligt koldt.
Jøderne havde de sådan set lovet at lade være i fred, men i 1943 kom der kontraordre fra Berlin: *"De skal indfanges og sendes til gaskamrene"*.
Den tyske kommandant lod et ord falde til det danske politi, næsten alle jøder blev samlet og sendt til østsjællandske havnebyer, og derfra med fiskekuttere til sikkerhed i Sverige, som ikke var besat.

Som respons kom der en ny ordre fra Berlin, og det danske politi blev arresteret og sendt i KZ-lejre. De fleste overlevede dog, trods de hårde vilkår i lejrene.
Den største gruppe der mistede livet på én gang var en ulykke. Briterne ville bombe Shell-huset, som husede Gestapos hovedkvarter i København.
For at gøre det, uden GPS og andre moderne opfindelser, fik de en afhoppet dansk pilot til at vise vej i det mørklagte København. Siden skulle de bombe, hvor hans første angreb ville lyse op i flammer. Hvad piloten ikke vidste var, at tyskerne havde rejst en antenne på Hovedbanegården. Han ramte antennen og styrtede ned i den franske skole på Frederiksberg.
Aftalen mellem de allierede var, at det første land på plads tog tøjlerne, men den tyske kommandant i Danmark ville overgive Danmark til englænderne, ikke til russerne. Russerne kom dog først til Danmark, da de kom østfra til Bornholm. Derfor bombede de Bornholm i et par dage, før de trak vanterne til sig, fordi resten af Danmark blev fyldt med britiske soldater.
Vi kommer lige tilbage til Bornholm senere.
Den dag krigen sluttede var gud og hver mand pludseligt medlemmer af modstandsbevægelsen, alle der havde handlet med tyskerne blev arresteret eller chikaneret groft, og piger som havde knaldet med tyske værnepligtige blev kronraget, tatoveret med hagekors og slæbt nøgne gennem gaderne, mens der blev skreget *"feltmadras"* efter dem.
"Værnemagere", altså folk som havde tjent kassen på tyskerne, og folk som havde arbejdet lidt for aktivt sammen med besættelsesmagten blev henrettet ude på en afsides plads på Bådsmandsstrædes Kaserne – det som nu er Fristaden Christiania.

Samtidigt, andre steder

Der sker ikke så pisse meget andet – vi har travlt med at gasse folk, skyde på hinanden og bombe alting.
Nå, jo, atombomben blev opfundet og brugt to steder i Japan i 1945. Japan kapitulerede.

Den kolde krig, isbjerge og trolde

1944-1990

Tyskland havde tabt igen, og denne gang var landet sønderbombet. Det samme var økonomien, da de jo havde trykt sindssygt mange penge der ikke fandtes dækning for. Slet ikke nu, hvor landet ikke var fem potter pis værd.
Sidste gang havde vinderne sparket den mand der lå ned.
Ikke med skide stor succes.
Så denne gang besluttede man at hjælpe ham op at stå igen.
Med Marshallhjælpen fik tyskerne en ordentlig økonomisk håndsrækning til at komme på fode igen.
Desværre var halvdelen af Tyskland under sovjetisk kontrol.
Det betød, at Danmark havde to Tysklande at forholde sig til; det ene på den forkerte side af jerntæppet – der hvor vi selv alt for let kunne have været endt.
Denne gang fik vi ikke mere land ud af en verdenskrig – tværtimod. Island, som altid har været en flok selvstændighedshungrende anarkister, havde i flere omgange forhandlet sig til mere og mere selvstyre, og oven i købet haft den frækhed at lave deres eget flag. De benyttede lejligheden, mens Danmark var besat, til at trække sig helt ud og erklære sig som en selvstændig republik i 1944.
For at begribe baggrunden skal man lige forstå at Island har været forsøgt beboet et par gange uden skide stor succes, indtil folk i Norge for små tusinde år siden fik nok af en eller anden galning der ville kristne dem med hård vold. Så flokkedes folk dertil for at få lov at gøre tingene i deres eget tempo. Siden har de fantaseret vildt om frihed og fred fra despotiske koloniherrer, imens danske konger har varieret graden af armvridning. Altså indtil 1944, hvor danskernes attitude var helt glasklar: *"Island er sgu ikke noget vi kan forholde os til lige nu"*.
Så de erklærede sig som en selvstændig republik den 17. juni 1944.
Den danske konge sendte et telegram: *"Tillykke med det!"*
Der var ikke så pisse meget andet han kunne gøre.
Samtidigt havde den danske ambassadør i USA valgt at handle på eget initiativ, da han anså regeringen derhjemme for at være gidsler, som det ikke nyttede at spørge.

Så han gav USA tilladelse til at rykke ind på Grønland og oprette flybaser.
De gik så vidt som at tvangsforflytte en hel Inuit landsby i Thule for at lave en landingsbane og sætte en kæmpestor radar op.
Thule Air Base fortsatte med at være vigtig under den kolde krig, fordi radaren stort set dækkede hele Sovjetunionen.
I dag påstår de at deres tilstedeværelse ikke længere er militær, og har omdøbt basen til *Pituffik Space Base.*
Det manglede også bare; i 1968 styrtede et fly ned ved landing på basen, og mistede to atombomber, hvoraf det ene vist aldrig er fundet (det er muligvis en myte, men en ret populær én). Aftalen havde ellers været rimeligt klar: Ingen atomvåben.
Foruden Thule, Narsarsuaq og Søndre Strømfjord (nu Kangerlussuaq) havde de også ret vilde ambitioner om sære baser under indlandsisen; *"Operation Iceworm"*.
På troldeøen Bornholm gik tingene virkelig i hat og briller.
Russerne kom først, og mente derfor at de havde befriet Danmark.
Både tyskerne og englænderne mente noget andet, og derfor blev Nexø og Rønne bombet 6.-8. maj 1945, hvorefter tingene faldt til ro i sådan en *"mens vi venter på noget"* stemning.
Men russerne blev hængende helt indtil april 1946, før de indså at det var for børnehave-agtigt *"Jeg så den først"*, opgav og skred.
Det skulle de måske ikke have gjort…
Hvis du lige tjekker et kort, og forestiller dig at hele Østtyskland, Polen, de Baltiske lande og Rusland hører til De Gode, og Solskinsøen hører til De Onde – altså set fra et Warszawapagt synspunkt – og så forestiller dig at NATO sponsorerer et veritabelt Mordor tårn fyldt med elektronisk isenkram der kan aflytte enhver form for kommunikation i nogle hundrede kilometers omkreds, så ligner Bornholm et problem.
Russerne var ikke skide begejstrede.
Slet ikke fordi det var en klar overtrædelse af en ret tydelig aftale.
Da Sovjetterne daffede af fra Bornholm i '46 blev der holdt kort snor i tingene, og med Molotov-aftalen blev det endda skåret næsten ud i pap, at selvom Danmark *var* medlem af NATO, så var Bornholm *ikke.*
Det er lige så pisse logisk som at du er gift med en person; altså hele personen undtagen højre fod.

Sjovt nok var der udstukket klare retningslinjer for hvordan Hjemmeværnet skulle sprænge alt af betydning i luften, den dag russerne kom igen, inklusive al vigtig infrastruktur og militært, så *"de røde"* ikke kunne udnytte det.
Jo jo, thermokandekrigerne skulle også fyre tårnet af.
Der er en del der tyder på at russerne seriøst stalkede Bornholm, fyldte farvandet med fiskerbåde der havde sindssygt mange antenner, og måske endda brugte landgang på Bornholm som en slags militær *"Manddomsprøve"*.
"Svøm ind til øen, af med dykkerdragten, snig dig op til Hammershus, stjæl en sten, løb tilbage, og svøm ud til båden igen. På tid!"
Hvis det er rigtigt, er det sgu nok meget godt, at den kolde krig sluttede i 90'erne, ellers havde der satme ikke været mange sten tilbage på Hammershus til de stakkels skoleelever på ekskursioner.

Samtidigt, andre steder

1945: FN grundlægges

1947: Indien og Pakistan bliver selvstændige

1948: Staten Israel grundlægges i det daværende Britiske Mandatområde

1949: NATO grundlægges, den kommunistiske revolution i Kina

1950: Koreakrigen begynder, der er nu 2,5 milliarder mennesker på jorden

1953: Koreakrigen slutter

1957: Sputnik – verdens første satellit – opsendes fra Sovjetunionen, P-pillen opfindes

1959: Begyndelsen på Vietnamkrigen, AIDS opdages

1960: Ca. 50 millioner kinesere dør i den største menneskeskabte hungersnød nogensinde, der er nu 3 milliarder mennesker på jorden

1961: Yuri Gagarin bliver det første menneske i rummet, Berlinmuren bliver opført

1965: Sorte sikres stemmeret i USA

1966: Kulturrevolutionen begynder i Kina

1967: Seksdageskrigen – hvor Israel besejrer alle nabolande

1969: Den første månelanding

1971: Verdens første mikroprocessor

1973: Oliekrisen

1975: Vietnamkrigen slutter

1977: Den første Star Wars film har premiere, den første PC lanceres

1979: Den Iranske Revolution, Sovjetunionen invaderer Afghanistan, kopper udryddet af vaccine

1980: Der er nu 4,5 milliarder mennesker på jorden

1982: Falklandskrigen

1986: Chernobyl katastrofen i Ukraine

1989: Sovjetunionen bryder sammen, Berlinmuren fjernes, den kolde krig slutter, massakren på Tiananmen pladsen i Beijing, som det første land i verden giver Danmark homoseksuelle mulighed for registreret partnerskab

1990: Det første website – internettet etableres af britten Tim Berners-Lee, Første golfkrig efter Iraks invasion af Kuwait

Jeg melder krig mod… Canada!

1984-2022

Da tidligere præsident Donald Trump i USA tilbød at købe Grønland, var danskerne i chok: Hvordan i hede hule helvede kunne han komme på noget så komplet sindssygt?
Men nu hvor du har læst historien op til dette punkt ved du at det ikke ville være første gang USA købte en dansk ø, og USA har faktisk flere grunde til at være interesserede i Grønland end Danmark – og især den danske statskasse.
Måske skulle man spørge grønlænderne.
Jeg er ret overbevist om at svaret ville være et rungende *"Nej, tak!"*, men havde det nu været canadierne som spurgte, ville svaret nok været mere i retning af *"Lad os lige tale om dette et øjeblik"*.
Canada ligger jo nærmere Grønland end Danmark, de har etniske grupper som er nærmere forbundet med inuitter, og de har en bedre forståelse for det grønlandske klima og andre forhold.
Hvilken interesse Canada skulle have for det er dog en anden sag.
Men vi har faktisk erklæret Canada krig i området.
Midt imellem Grønland og Canada ligger der en komplet ligegyldig ø ved navn Hans Ø. Det er en stor flad sten på nogle få hundrede kvadratmeter.
Ingen kan bruge den til noget.
Men hvem der ejer øen kan have stor betydning for sømilegrænsen og eventuelle rettigheder til fiskeri og olieforekomster.
På et tidspunkt tog nogle canadiske forskere derud for at tjekke et eller andet.
For sjov lavede de merchandise med teksten *"Hans Island"*.
En dansker på besøg i Canada så sådan en strikhue på hovedet af en af forskerne og tænkte *"What the fåk?"*.
Sagen blev undersøgt og flåden tøffede ud for at tjekke øen.
Ganske rigtigt: Midt på øen stod der en flagstang med det canadiske flag.
Resolut blev det fjernet, og erstattet med det danske flag.
Men kaptajnen tænkte, at det er sgu nok ikke sidste gang, så vi må hellere forberede os på en længere omgang. Derfor placerede han ved flagstangens fod også en flaske snaps.

En halvt år senere vendte de tilbage, fandt det canadiske flag vajende i vinden, og en flaske canadisk whisky ved flagstangen.
Og sådan fortsatte det, indtil sagen blev afgjort i 2022 ved den internationale domstol.
Hans Ø blev delt i to lige store dele.
Sådan, mine damer og herrer, udkæmper man en krig (Danmark og Canada tager hinanden i hånden og bukker, resten af verden klapper).
Desværre er andre konflikter sjældent lige så civiliserede.
Den kolde krig mellem Warszawapagten og NATO – eller Sovjetunionen og USA, hvis vi skal være helt ærlige – krævede, at man valgte side, og det gjorde Danmark. Vi kunne ikke blive medlem af NATO hurtigt nok.
Krigen var i princippet *"kold"* fordi den kun bestod af trusler, men i realiteten sloges de *"by proxy"*, hvilket betyder at når den ene part sloges i et område holdt de andre sig væk, men støttede den anden side i konflikten med penge, våben og efterretninger. Det gjaldt da USA gik amok i Vietnam, da Sovjetunionen gik amok i Afghanistan, og helt frem til nu hvor Ukraine er russernes legeplads, og USA tyrer penge efter ukrainerne med en møggreb.
Samtidigt lærte børn i skolerne at når(!) atomkrigen kom, skulle de hoppe ned under skolebænken og tage en papirspose over hovedet. Ikke fordi det ville hjælpe noget…
Og så var der hele James Bond spillet, hvor de spionerede på hinanden, infiltrerede hinandens spionnetværk, og det hele blev så latterligt, at de brugte det meste af deres tid på at finde dobbeltspioner eller dobbelt-dobbelt spioner i egne rækker.
Danmark holdt lidt igen, for at udtrykke det diplomatisk, og forsøgte at holde sig væk fra de situationer, hvor det blev ren Gøg & Gokke.
Faktisk skar Danmark alvorligt ned på forsvarets udgifter, og begyndte at lukke kaserner.
Vi var ikke så bekymrede for krig i 1970'erne, men mere bekymrede for terror.
Det var dengang terrorismen toppede, med IRA, RAF, de baskiske separatister, Den Lysende Sti, PLO, osv.
Der var mindst to større terrorbombninger per måned et sted i Europa, dengang.

En af de lukkede kaserner var Bådsmandsstræde Kaserne på Christianshavn.
Så snart den sidste soldat var ude, rykkede hippierne ind og deklarerede Fristaden Christiania.
Den socialdemokratiske regering var frisk på at give det et forsøg.
På Pusher Street, ved indgangen til fristaden, blev der solgt hash uden at lægge skjul på det. Til gengæld var Christiania det eneste sted i byen hvor man ikke kunne købe hårde stoffer.
Det måtte man finde en skolegård for at gøre.
Det blev tolereret til en vis grad, og man kunne se uniformeret politi gå forbi hashboderne uden at fortrække en mine.
Efter hvert valg, hvor en eller anden idiot var blevet valgt i en kreds i Nordjylland, på et konservativt mandat, blev der stillet krav om at gribe ind.
Så politiet lavede en storstilet razzia, og konfiskerede et halvt hundrede kilo hash, og tre dage efter var alting tilbage, som det plejede.
Business as usual.
Der er netop sket nogle forandringer på Pusher Street, men det er for tidligt at kunne sige, om det faktisk vil have effekt nok til at høre til i en historiebog.
"Staden" er officielt et eksperiment, og det skal siges til deres fordel, at visse initiativer derude er blevet brugt som inspiration til helt fornuftige politiske tiltag i resten af samfundet.
Andre ting… Not so much.
Som medlemmer af NATO har Danmark desværre også deltaget i en del andre konflikter, og nogle af dem var ret drabelige.
Fra 1990 til 1991 var der den første Golf Krig mod Irak, efter Iraks invasion af Kuwait.
1991-1995 var danske soldater til stede som fredsbevarende styrker i krigen i Bosnien-Hercegovina.
Fra 1998 til 1999 var den gal i Kosovo, og de fredsbevarende styrker rykkede ud igen.
I 2003 kom vi tilbage til Irak, men denne gang skulle det gøres færdigt: Saddam Hussein skulle hænges, og landet skulle have demokrati – og holde op med at producere kemiske våben til terrorister.
Denne gang var vi på dybt vand. Efterretningerne om at Irak skulle have kemiske våben viste sig at være en and, og det politiske tomrum der fulgte efter Saddams henrettelse blev fyldt med interne stridigheder.

Danmark rystede på hovedet og skred i 2011.
Irak er et land som består af flere nationer: Shia, Sunni, Kurdere, forskellige etniske, politiske og religiøse grupper. Nogle bor i områder hvor olien flyder i stride strømme, og kan ikke se hvorfor deres held skal udvandes til hele landet.
Sådan et anarki er en god platform for folk der leder efter et sted at skabe orden, med Allah som styrmand. Hvad med *"Islamisk Stat i Irak og Syrien"* (ISIS) – lyder det ikke som en fremragende idé?
Det var der mange unge muslimske småkriminelle psykopater, der havde svært ved at leve i den vestlige verden, der syntes. Generelt er der ikke mange steder som er nemme at leve, hvis man er småkriminel psykopat… Men i Irak, post-invasion, var der plads!
Så der gik nogle år hvor de havde fremgang, og førte sig frem med slaveri, massevoldtægter, offentlige halshugninger, og en konstant udvidelse af deres territorium, langt ind i Syrien, hvor borgerkrigen gav mulighed for entreprenørskab.
Heldigvis udgør småkriminelle psykopater en forsvindende lille minoritet af verdens muslimer, og selv den minoritet er splittet; de fik ingen opbakning fra hverken Al Qaeda eller Taliban.
Kurderne måtte smøge ærmerne op og nedkæmpe dem, fordi vi sad i den vestlige verden med korslagte arme og mente, at det var da en intern sag mellem irakerne. De kastanjer måtte de kraftstejleme selv rode ud af ilden.
På Tyrkiets opfordring er den kurdiske hær i øvrigt blevet klassificeret som en terrororganisation, som derfor ikke kan stille så meget op med alle de ISIS-tosser, der sidder i deres fangelejre. De har gang på gang tigget de vestlige lande om at hente deres medborgere, så de kan komme af med dem, men sådan nogle kan vi ikke tage os af, så det må forblive kurdernes problem.
Hvis du tror, at det var en lortekrig, så skal vi da også nævne Afghanistan.
I 2001 besluttede USA at angribe det Taliban styrede Afghanistan, fordi de gav husly til blandt andre Al-Qaeda, som havde udført *"nine-eleven"* terrorangrebet.
Taliban skulle ha' smæk, skulle de! Noget så eftertrykkeligt!
Så soldater fra blandt andre Danmark gik hus-til-hus gennem hele landet og fandt fjender. Eller prøvede. Mens antallet af fjender virkede som om det voksede.

I 2021 – efter tyve år – pakkede den internationale koalition sammen, bukkede og sagde undskyld, og afleverede landet tilbage til Taliban.

Krigen i Afghanistan er lidt af et tabu i Danmark. Der sidder tusindvis af mennesker som har mistet et familiemedlem, en god ven, et ben eller to, deres sindsro eller forstanden, og ingen af dem bryder sig om at blive mindet om det helt åbenlyse: Det var forgæves – et fuldstændigt meningsløst spild af tid, penge, liv og førlighed. Selv det at skrive det, finder jeg meget svært.

Der er jo ingen anden sandhed. Der er intet lys i det mørke, men man er jo et røvhul når man siger det.

"I det mindste døde din søn for… Nå, nej…"

Samtidigt, andre steder

1991: Den første mobiltelefon introduceres i Finland

1992: EU etableres

1994: Tunnellen mellem Frankrig og England åbnes, færgen Estonia synker

1995: Srebrenica massakren i Bosnien

1996: DVD lanceres, Nokia 9000 – verdens første smartphone – lanceres sammen med Symbian appstore

1997: Netflix lanceres

1998: Google grundlægges, hungersnød i Nordkorea koster 2,5 millioner mennesker livet

1999: Euro – den fælleseuropæiske valuta – introduceres

2000: Dot-com boblen brister, Øresundsbroen åbner, der er nu 6 milliarder mennesker på jorden

2001: 9/11 terrorangrebet i USA, USA og allierede invaderer Afghanistan og tager styringen fra Taliban

2003: USA og allierede invaderer Irak, Android lanceres, Facebook lanceres

2005: En tsunami i sydøstasien dræber 230.000 mennesker, YouTube lanceres, kontroversielle tegninger af profeten Muhammed offentliggøres i Jyllands Posten og fremprovokerer store demonstrationer i den muslimske verden

2006: Twitter lanceres, Spotify lanceres, Mumbai bombings

2007: iPhone introduceres

2008: Barack Obama bliver præsident i USA

2009: Bitcoins lanceres

2010: Det arabiske forår starter, Instagram lanceres, som det første land i verden giver Danmark homoseksuelle mulighed for at adoptere,

Eyjafjallajökull vulkanen i Island stopper al flytrafik på den nordlige halvklode, der er nu 7 milliarder mennesker på jorden
2011: Terrorangrebet på Utøya i Norge
1912: Som det første land i verden ændrer Danmark ægteskabsloven for at ligestille homoseksuelle med heteroseksuelle
2013: Edward Snowden afslører NSAs ulovlige overvågning af internettrafik, e-mails og telefonsamtaler
2014: Malaysia Airlines Flight 370 forsvinder sporløst med 239 mennesker ombord
2015: Parisaftalen, ISIS tager magten i Irak og dele af Syrien
2016: Panama-papirerne afsløres af hackere, Pokémon Go lanceres, TikTok lanceres
2017: ISIS nedkæmpes af kurdiske tropper, #Me2 kampagnen lanceres
2018: Kvinder får ret til at køre bil i Saudi Arabien
2020: Brexit, polio er nu officielt udryddet af vaccine, FN fjerner cannabis fra listen over farlig narkotika, COVID-19 epidemien spredes fra Kina til hele verden
2021: USA og allierede forlader Afghanistan og giver styringen tilbage til Taliban, WHO lancerer den første malaria-vaccine
2022: Rusland angriber Ukraine
2023: Jordskælv i Tyrkiet og Syrien koster 60.000 mennesker livet, Hamas angriber Israel, starten på Israel-Hamas-krigen i Gaza, 2023 er det varmeste år nogensinde målt, globalt set
2024: Margrethe 2. af Danmark abdicerer og overgiver tronen til Kong Frederik 10., Sverige bliver medlem af NATO, Chefanklageren i FNs krigsforbryderdomstol udsender en arrestordre på Israels premierminister Benjamin Nethanyahu og Hamasleder Yahya Sinwar, de engelske konservative oplever deres største valgnederlag nogensinde, Ukraine går for første gang til modangreb ind over grænsen til Rusland.
2024: Der er nu 8,2 milliarder mennesker på jorden. Kurven forventes at flade ud og begynde at falde langsomt når den når 10 milliarder i 2060.

Janteloven

1933

I 1933 udgav Aksel Sandemose romanen *"En flygtning krydser sit spor"*.
Romanen udspiller sig i den fiktive by Jante, og derfor kom hans "uskrevne lov" til at hedde *"Janteloven"*.
Den består af følgende bud:
"Du skal ikke tro, du er noget.
Du skal ikke tro, at du er lige så meget som os.
Du skal ikke tro, at du er klogere end os.
Du skal ikke bilde dig ind, at du er bedre end os.
Du skal ikke tro, du ved mere end os.
Du skal ikke tro, at du er mere end os.
Du skal ikke tro, at du duer til noget.
Du skal ikke le ad os.
Du skal ikke tro, at nogen bryder sig om dig.
Du skal ikke tro, at du kan lære os noget."
Desuden tilføjede han et 11. bud som lød *"Du tror måske ikke, at jeg ved noget om dig?"*.
Det 11. bud kan meget vel være en advarsel om at vi kan straffe dig hvis du bryder et af de første ti.
I almindelig omtale er det en del af den danske psyke, som har til formål at holde folk – os selv – *"på måtten"*, og sikre at vi ikke vokser i anseelse eller bevæger os opad i det sociale hierarki.
Du kan tit høre folk, som finder omgivelsernes manglende anerkendelse, misundelse eller topskatten som en hindring for deres egen succes, sige at *"det er typisk Jantelovs-Danmark"*.
Kort sagt: Janteloven skal holde dig nede, så du ikke *"tror at du er noget"*!
Samtidigt spiller Janteloven perfekt sammen med andelsbevægelsen, de danske overenskomster og skattelovgivning, som i bund og grund vender jungleloven på hovedet – de svageste og laveste i samfundet skal have størst opmærksomhed og flest hensyn.
Vi bifalder når en fabriksarbejder kritiserer sine velhavende arbejdsgivere, men tolererer ikke det modsatte.
For nylig har to af hinanden uafhængige internationale undersøgelser vist, at Danmark – som turistland – har den ringeste service i

hele verden.
Jeg citerede for nylig disse undersøgelser for en bekendt på en café. Ti sekunder efter bad han en ansat om et menukort, og fik – uden øjenkontakt – svaret *"Du bestiller i kassen!"*
I mange andre lande får tjenere en latterligt lav løn, og lever af deres drikkepenge. Til gengæld forventes du at give 5-25% i drikkepenge, afhængig af hvor god service du fik.
I Danmark får tjenere en uforholdsvist meget højere løn, men du forventes ikke at give drikkepenge.
"Du skal ikke behandle mig som en tjener!"
"Men, søde ven, det står jo på dit navneskilt, at du er tjener."
"Ja, men alligevel!"
Som en rigtig dansker er jeg rent ud sagt pisse ligeglad med hvilke rige eller berømte mennesker du kender; jeg dømmer dig på hvordan du behandler de ringest stillede omkring dig.
Vi elsker vores konge når han løber blandt folket og når han kører sine børn i skole i en Christianiacykel. Vi elsker hans mor – Daisy den anden af Danmark – når hun er fotograferet med en brikjuice og en smøg. Vi glæder os over at Legos ejer bor i et almindeligt parcelhus og kører en almindelig familiebil.
Til gengæld griner vi højt af den enfoldige tosse, der kommer kørende i en Ferrari, og tror at vi beundrer ham. *Ha!*
Vi kan lige gå med til et Gucci armbåndsur, fordi Camilla, der arbejder i 7-Eleven, også har et.
I Danmark skal man være relatérbar for at få sympati.
Nogle finder at det er et skrækkeligt undertrykkende karaktertræk, imens andre faktisk finder det meget sympatisk – så længe du ikke bruger det grimme ord *"Janteloven"*.
Den danske humor er endda – langt hen ad vejen – bygget op omkring dette karaktertræk.
Vi kan lave jokes om det skæve og det skøre, men oftere om det højrøvede og arrogante, og helst om os selv.
Selvironi er så vigtig en kerne i den danske humor, at hvis du ikke kan nedværdige dig selv i en kvik bemærkning, så kan du lige så godt forlade landet med det samme.
"Mit franske er ikke hvad det i øvrigt aldrig har været!"
"Jeg er faktisk en af verdens bedste Maratonløbere – på min Xbox."
"Nu er indavl jo ret udbredt på Lolland, hvor jeg kommer fra."

Mine bekendte fra fx Thailand eller USA spørger nysgerrigt, og lidt bekymret: *"Hvorfor taler du dig selv ned?"*
"Det er en dansk ting" svarer jeg, imens jeg tænker *"hvorfor fanden taler du dig selv op? Det er jo bare tåkrummende pinligt!"*
Rygtet om dette karaktertræk – sammen med den ordentlighed og redelighed der hersker i landet – har spredt sig, og når en dansker dukker op på et kontor i Singapore med sit CV, så ved de at hun *mindst* kan det der står på papiret; der er ikke blevet bestukket, spredt ben, trukket på forbindelser eller forfalsket noget – og der er helt sikkert ikke blevet pyntet på meritterne.
Janteloven har lært os at være ydmyge.
Når vi mener *"100"* så siger vi *"95"*, hvor mange andre vil sige *"120"*.
Vi elsker når det giver pote, og andre bliver imponerede over at vi leverer mere end vi lovede.
Prangende guldsmykker, dyrt kluns og en luksusbil er i mange danskeres øjne et bevis på lav moral og ringe intelligens, og mest af alt på dårlig smag.
Ingen ved med sikkerhed hvor det kommer fra, men Janteloven, social retfærdighed, den flade struktur og den ekstreme grad af redistribution stammer måske helt tilbage fra tiden omkring opfindelsen af *"Tinget"*, som var vores måde at sikre at høvdingen ikke bare tog beslutninger inden alle var blevet hørt.
Men det var i "vikingetiden", inden vi afskaffede slaveriet, så måske en lorteteori…

Skrællinger 2.0

1965-...

Danmark har altid haft en indvandring på omkring 15-25% per generation.
Vendere, saksere, slavere, diverse germanske grupper, og så videre.
Logisk nok altid fra nærområdet.
Nogle kom frivilligt, andre i lænker.
Siden kom der polakker, tyskere og hollændere; stadig fra nærområdet.
Først blå øjne, siden lys hud og til sidst blond hår, kom alt sammen med indvandrere.
Danskerne var meget længe om at opfinde begrebet etnicitet, og religion har aldrig været et issue.
Før kristendommen havde folk kun løse traditioner, og ingen slog nogen i hovedet for at tro noget andet. Efter kristendommen var næsten alle indvandrere også kristne.
Ingen ko på isen.
Det eneste racistiske udtryk vi kender til fra middelalderen er *"Skrællinger"* som danerne kaldte den oprindelige befolkning i Canada (og muligvis også Grønland).
I mellemkrigsårene – 1918 til 1939 – voksede verden med en voldsom hastighed. Pludseligt kendte vi til indianere og arabere, afrikanere og eskimoer. Det var relativt ufarligt at rejse ud i verden, og det gjorde overklassen.
Med hjem havde de souvenirer og fortællinger.
Uanset hvor kompasset pegede, så måtte folk være lykkeligere dér; mere frie og ubekymrede...
Sømænd kunne fortælle om de halvnøgne og villige piger på Tahiti og frie naturfolk i junglen.
De lykkeligste og mest frisindede mennesker i verden måtte jo være araberne: Mavedans og tyrkisk tobak, vin i stride strømme og vandpiber. I Arabien måtte hver dag jo være en fest.
1001 nats eventyr!
En natklub, der inviterede til grænseløs dekadence, skulle ligne et arabisk palads (som Moriskan i Malmö eller Nimb i Tivoli), og skulle man sælge cigaretter, var det bedst med et par kameler på pakken.

Hele Tivoli er et overflødighedshorn af blandet *"Orientalsk"* inspiration.
Dekadence? Følg med overklassen på eventyr i *"Mordet på Nilen"* og *"Mordet i Orient Expressen"*.
I slutningen af 1960'erne led Nordeuropa af en alvorlig mangel på arbejdskraft, og begyndte med store armbevægelser at importere mennesker fra den *"orientalske"* verden, primært Tyrkiet.
Busser fulde af mennesker fra Anatoliens bjergegne blev fragtet til nyopførte boligblokke i udkanten af de danske storbyer.
Der var kraftstejleme ikke meget mavedans over den oplevelse.
Alene dét at de brugte virkeligt mærkelige ting i deres mad, som lugtede fjendtligt – for eksempel hvidløg! – i hele opgangen.
De mishandlede også det danske sprog, og ville ikke have en fyraftensbajer sammen med os andre.
Den danske politiker Mogens Glistrup kaldte dem *"Muhamedanere"*, og komikerne Monrad og Rislund kaldte dem *"Muslamer"*.
Danskerne fandt en ignorant og racistisk side af sig selv frem, og da Glistrups Fremskridtsparti blev kuppet af en overambitiøs kvindelig hjemmehjælper ved navn Pia Kjærsgaard, og skiftede navn til Dansk Folkeparti, fik de voldsomt mange stemmer – godt hjulpet på vej af en økonomisk krise, som betød at meget produktion ophørte, og både danskere og *"fremmedarbejdere"* blev arbejdsløse.
Imidlertid ville ingen af de andre partier samarbejde med dem, da de ikke var *"stuerene"*, og de havde ikke stemmer nok til at skabe en etpartiregering.
Siden er de kommet mere ind i varmen, og har – som støtteparti til en regering – været tvunget til at vise deres reelle politiske evner.
Det betød naturligvis, at de mistede hele den opbakning, der fandtes i befolkningen (21,1% i 2015 - 2,6% i 2022).
Efterfølgende er der opstået andre partier med de samme tanker, og det som engang ikke var *"stuerent"* er nu blevet normalt.
Disse partier er i skrivende stund ledet af nogle store personligheder.
Det er min diplomatiske måde at forklare at de ikke kan finde ud af at samarbejde eller fusionere, selvom de reelt er identiske.
Man kan nu engang ikke være ansvarlig for sundhedsvæsenet, undervisningspolitik, færdselsregler, finansloven, investeringer i infrastrukturen, og så videre, ved udelukkende at gentage *"Det er de fremmedes skyld!"*.

Men så langt tænker den almindelige dansker sjældent, og derfor får disse partier stadig mange stemmer (16,2% sammenlagt ved valget i 2022).
Samtidig er *"en strammere kurs"* over for *"fremmede"* blevet en del af mange andre partiers linje.
Dronning Margrethe den anden af Danmark udtrykte det sådan:
"Vi troede nok, at den slags ting ville gå i sig selv. Hvis man gik på gaderne i København og drak det kommunale vand og tog den kommunale bus, blev man nok dansker i løbet af kort tid. Det var så indlysende for os, og derfor troede vi, at det måtte det også blive for dem, der slog sig ned og boede her. Sådan var det ikke. Det har vi lært. Det er ikke en naturlov, at man bliver dansker af at bo i Danmark."
Desværre kan vi ikke vende blikket mod nogle andre lande og sige *"Sådan skal den ged barberes!"*
Alle lande kæmper med integration af indvandrere eller oprindelige minoriteter. Der er ingen der har opskriften på hvordan man løser problemerne.
Majoritetsbefolkningen føler sig truet, og minoriteterne føler sig udstødt.
Af socioøkonomiske årsager – og muligvis andre grunde – har minoritetsbefolkninger en kriminalitetsindex på 110-130; altså 10-30 procent mere kriminelle end majoritetsbefolkningen – uanset om vi taler om maorier i New Zealand eller somaliere i Danmark; det er et globalt fænomen.
I Danmark skal små børn være stille og opføre sig pænt. Når de bliver store nok til at tænke selv, må de alt; også drikke sig i hegnet og knalde rundt, se hvem de vil og komme hjem når det passer dem…
I Tyrkiet og mellemøsten må små børn gøre hvad de vil, for – herregud – de kan jo ikke lave ulykker i den alder. Når de bliver gamle nok til at lave ulykker (altså kan blive seksuelt og kriminelt aktive), må de ingenting. Bor man i Danmark, er det slag tabt på forhånd, navnlig hvad angår drengene. Altså må de alt, når de er små, og gør hvad de vil, når de bliver teenagere. Sommetider er det for sent at rette ind når man bliver voksen, og livets alvor banker på døren.
Disse to opfattelser af børneopdragelse skaber også en del konflikter.
Tyrkiske og mellemøstlige indvandrere har *"ingen opdragelse"* og danskere har *"ingen moral"* – når man spørger modparten.
"Når man alligevel altid bliver frasorteret ved jobsøgning, kan det jo også være lige meget!"

Den lader vi lige stå et øjeblik.
Med en negativ fødselsrate har vi brug for indvandring langt ud i fremtiden, og der er utvivlsomt behov for en langt skarpere integrationsproces.
"Dette er hvad du må, dette må du ikke, dette er hvad vi forventer, dette kan du forvente, lær at tale dansk og betale moms!"
Men ikke nok med det. Der er også behov for en højere grad af konsensus. Det nytter ikke noget at din kursusinstruktør siger at Islam er helt accepteret i Danmark, mens dine kollegaer på lageret konstant antyder at din religion er *"fåking latterlig"*.
Da ikke hele Danmarks befolkning – ikke engang folketinget – kan nå til komplet enighed, er vi altså nødt til at kommunikere denne spændvidde af opfattelser tydeligt og ærligt til nye indvandrere, og måske ligefrem opfordre til at man holder meget meget lav profil med hensyn til sin religiøse observans.
"Ja, religiøst hovedbeklædning er fuldt ud accepteret i Danmark – men du skal ikke regne med at få en fair behandling på arbejdsmarkedet!"
Og i endnu højere grad: *"I din opfattelse er den almægtige Gud, verdens skaber og menneskets endelige dommer, givetvis vigtigere end den danske lovgivning og kultur, men den opfattelse hverken deler eller accepterer flertallet af den danske befolkning; skriv under på at du forstår og respekterer dét, inden du får arbejds- og opholdstilladelse."*
Det kan lyde brutalt og fremmedfjendsk, men det gavner ingen at bilde nyankomne ind, at de vil blive modtaget med fuld accept, alt inkluderet, når langt over 20% af befolkningen faktisk stemmer på mere eller mindre *"fremmed-skeptiske"* partier.
I EU har man vedtaget, at hvor der findes en befolkning med et andet sprog over en vis procentdel, skal skilte findes på begge sprog. Det har alle EU-lande accepteret, uanset deres historiske baggrund, og selv Polen har sat skilte op på tysk, hvor det er nødvendigt.
Undtagen Danmark. Vi skal satme ikke have nogle skilte på tysk i Sønderjylland, uanset hvor meget EU kommissionen råber og skriger.
"Danmark er efterhånden blevet et multikulturelt land!", kan man høre nogen sige.
Nej, min ven, det er vi fåking langt fra. I et multikulturelt land er skilte på flere sprog, og mange restauranter spørger om din religion, inden du får et menukort, som er tilpasset kosher, halal eller noget helt tredje.

Jeg argumenterer ikke for at vi skal være det ene eller det andet. Jeg påpeger at vi skal være ærlige om hvad man kan forvente.

Tamilsagen og den anden lortesag

1986-1988/2016-2021

I 1986 sendte en borgerkrig i Sri Lanka omkring 3.000 tamiler på flugt til Danmark, hvor de fik midlertidig opholdstilladelse.
Hvis man som flygtning mener at have efterladt familie, der kan være i fare, har man ret til at søge familiesammenføring i det land, hvor man bor som flygtning.
Den ansvarlige minister på området, justitsminister Erik Ninn-Hansen, mente dog at tamilerne ikke var en gevinst for Danmark, og påbød sine embedsmænd at lave en (hold godt fast!) *"Administrativ nedprioritering af familiesammenføringssager fra tamilske asylansøgere"*.
Lad mig lige forklare på dansk: Hvis du som embedsmand skulle behandle disse typer sager, så skulle du, hver gang der dukkede en tamils mappe op i bunken, tage mappen og lægge den nederst i bunken, sådan at den i realiteten aldrig ville blive behandlet.
En journalist på Månedsbladet PRESS, der undersøgte en anden sag om flygtninge, blev gjort opmærksom på, at tamilerne påfaldende nok aldrig fik svar på deres ansøgninger.
Bladet valgte at gå ud med en lang række interviews med tamilske flygtninge, som luftede deres frustration og undren.
Der var ingen anklager eller forklaringer i artiklen, da ingen vidste hvad der foregik. Artiklen var simpelthen et skud i tågen.
Her kunne sagen have været død, og glemt, hvis alle ansvarlige politikere havde valgt at ignorere den. Men nogle af dem gik i fåking panik, og begyndte at sende telefaxer til hinanden om at *"holde kæft"*. En fax blev set af en udenforstående, og resultatet blev at Folketinget 25. april 1989 behandlede et forslag fra Socialdemokratiet og SF om at nedsætte en kommissionsdomstol til at undersøge sagen.
Hvilket afvistes!
Statsminister Poul Schlüter afsluttede sin afvisning med ordene: *"Der er ikke fejet noget ind under gulvtæppet"*.
Sagen fik større dækning i medierne, og i tv-dokumentaren *Blodets bånd,* sendt den 23. april 1990 på DR, beskyldtes Erik Ninn-Hansen direkte for lovbrud.

Det kunne de jo ikke ignorere, så i 1991 blev der lavet en undersøgelseskommission.
Mens sagen stod på, optrådte komikeren Peter Larsen med en forestilling, ved navn *"Mens vi venter på retfærdigheden"*, hvor han skulle forestille at forelæse på universitetets juridiske fakultet. Efter en hysterisk morsom – men helt faktuelt korrekt – fremlæggelse af alle detaljer i sagen spurgte han ud til publikum: *"Det er jo ikke lovligt; og hvis det ikke er lovligt, hvad er det så?"*.
Oftest skreg de i kor: *"ULOVLIGT!"*
Men ved en af forestillingerne sad der en ung jurastuderende som rimeligt kækt svarede: *"Så er det sådan lidt i gråzonen!"*
Den 14. januar 1993 var højesteretsdommer Mogens Hornslets 6.000 sider tamilrapport klar og blev forelagt statsminister Poul Schlüter.
Rapporten slog blandt andet fast, at Erik Ninn-Hansen havde handlet ulovligt og havde gjort det bevidst. Og at mange havde kendt til lovbruddet og valgt at holde kæft.
Samme dag kl. 18 meddelte Poul Schlüter, at regeringen ville gå af med ordene: *"Jeg har læst Dommer Hornslets redegørelse; jeg er ikke enig, men jeg har taget den ad notam."*
Siden da har både Poul Schlüter og Erik Ninn-Hansen holdt relativt lav profil. Forståeligt nok.
Og sætningen *"ad notam"* er blevet en stående joke i Danmark.
Men det var ikke slut med at bryde loven på Christiansborg af den grund…
I januar 2016 blev det beskrevet i medierne, at der i danske asylcentre var indkvarteret såkaldte *"barnebrude"* sammen med deres ægtefæller.
Et medlem af Radikale Venstre benyttede Folketingets spørgetime til at bede den ansvarlige minister, Integrationsminister Inger Støjberg, om at undersøge sagen.
Hun greb den i luften og valgte at spinde sagen til sin egen fordel.
I pressen gik hun ud og talte om mænd i 50-årsalderen, der var gift med piger på ni år, og som de forgreb sig på – og det ville hun sætte en stopper for! Med det vuns!
Eksemplet med en 53-årig mand der var gift med en ni-årig pige var planket fra en artikel der fortalte om forhold i Afghanistan, og havde ingen relevans for parrene på de danske asylcentre. Men det behøver man jo ikke at præcisere, vel?

Faktisk siger den danske lovgivning, at uanset om man er lovformeligt gift i et andet land, må man ikke dele seng med en pige (eller dreng) under 15 år, og par hvor den ene – eller begge – var under den "seksuelle lavalder" var derfor allerede skilt ad.

Den 10. februar 2016 udsendte Udlændinge-, Integrations- og Boligministeriet – Altså Inger – en pressemeddelelse om, at ingen asylansøgere under 18 år fremover måtte indkvarteres i danske asylcentre sammen med en ægtefælle eller samlever.

Pressemeddelelsen blev samtidig sendt til Udlændingestyrelsen.

Embedsmændene i Udlændingestyrelsen var mildt sagt i vildrede: *"Hvad fa'en gør vi nu?"*

Ifølge loven skulle hver involveret person, hver for sig, udspørges om deres ønsker og behov, sådan at de kunne få en individuel sagsbehandling.

Det må man ikke nægte dem.

Så de ringede vel til Inger og spurgte: *"Øhm, er det en instruks, eller hva' fa'en er det?"*

Det var det åbenbart, for kort efter blev alle par skilt ad, hvis en af dem var under 18 år, uanset om de havde børn sammen, og nogle af dem kun kendte ét menneske i hele verden – deres ægtefælle.

Inger Støjberg gik straks ud i pressen og solede sig i lyset af sin triumf. Hun antydede på mange måder, hvordan hun havde reddet små uskyldige pigebørn fra grove seksuelle overgreb af klamme, gamle, brunstige mænd.

I virkeligheden var den yngste kvinde 15, og den ældste mand 32.

Den største aldersforskel var 16 år – en kvinde på 16 og en mand på 32 – hvilket i sig selv kan være problematisk.

Gennemsnitsalderen på kvinderne var 16,5, på mændene var den 23,5 og aldersforskellen var i gennemsnit 7 år.

Det ændrer dog ikke på, at de havde ret til en individuel sagsbehandling, hvilket de blev nægtet, samtidig med at de stakkels embedsmænd i Udlændingestyrelsen blev tvunget til at bryde loven.

Der er ingen tvivl om, at nogle af kvinderne hellere end gerne ville adskilles fra sin mand, mens andre måske har haft mindre lyst til det.

Hertil kommer at nogle af dem jo havde fælles børn.

Dagbladet Information skrev: *"Mange af de unge kvinder reagerer med stor voldsomhed over adskillelsen. Røde Kors indberetter løbende til Udlændingestyrelsen om stadigt ringere trivsel, dårlig nattesøvn,*

manglende appetit, øgede depressionssymptomer, isolation og selvskadende adfærd. Flere af de unge kvinder har forsøgt at begå selvmord."
Da det hele foregik i offentligheden, gik der ikke lang tid før der blev nedsat en undersøgelseskommission, som hed *"Instruks Kommissionen"*.
Inger Støjberg, som var fast besluttet på at spinde hele lortet til sin egen fordel, omtalte konsekvent kommissionen som *"Barnebrudskommissionen"*.
Og store dele af den danske befolkning åd det råt!
Støjberg fremførte under afhøringerne, at hun den 9. februar 2016 godkendte et notat, hvoraf det fremgår, at der skal foretages en individuel vurdering i sagerne. Støjberg anførte, at kravet i pressemeddelelsen om at adskille parrene blot var hovedreglen. Hun afviste pure, at pressemeddelelsen var en instruks.
Problemet var, at dette notat aldrig har eksisteret.
Der blev ført en rigsretssag mod hende, som blev afsluttet den 13. december 2021 ved, at Rigsretten idømte Inger Støjberg 60 dages ubetinget fængsel.
Forskellen på hende og Erik Ninn-Hansen er at hendes spin har virket, og at hun stiftede sit eget parti – Danmarks Demokraterne – som ved valget i 2022 fik 286.796 stemmer, hvilket udløste 14 mandater i Folketinget.
I Danmark har alle danske statsborgere over 18 år ret til at stemme ved folketingsvalget – også selvom de ikke gider at sætte sig ind i tingene.

Vi er røde – vi er hvide

Hvis man skal vurdere om noget er betydningsfuldt, kan man starte med at tjekke om det bliver nævnt i internationale medier. Gør det, så er det sikkert vigtigt.
Et andet trick er tålmodighed: Kan folk huske det ti eller tyve år senere. Kan de ikke, så var det sgu nok ikke så vigtigt.
Det danske herre fodbold landshold kvalificerede sig desværre ikke til Europamesterskaberne i 1992. Det var jo trist.
Heldigvis – for dem – udbrød der borgerkrig i Jugoslavien, og resultatet blev, at Jugoslavien ikke måtte deltage i EM.
Så Danmark kom med på et afbud.
Ikke i den helt skarpe træning, og regnede bestemt ikke med at vinde, så der blev sløset godt med smøger, bajere og burgere.
Det betød, at alle de andre deltagere fuldstændigt undervurderede det danske landshold, og gik på banen med den attitude, at det var en "walk-over" kamp, som næsten kunne spilles med det ene ben bundet på ryggen.
Så Danmark vandt EM til alles store forbavselse.
Det tager nok 100 år før folk har glemt det!
Så er det nemmere at glemme alle de gange danske dame eller herre landshold har vundet EM, VM og Olympiske medaljer i håndbold – for det regner vi bestemt med er en sandsynlighed. Der er vi altid i toppen, og – for fanden – vi har jo opfundet sporten!
Generelt ser danskere sig selv i et rimeligt objektivt lys, og ved godt at vi er et lille land.
Der bor omkring ni millioner mennesker i London, og knap seks millioner i Danmark. Her sammenligner jeg en by med et helt land, for at sige at vi nærmest bare er en forstad.
Vi regner ikke med at være størst, hurtigst, bedst til noget, og vi tør næsten ikke håbe på at vinde.
Når vi vinder, mister vi fuldstændigt besindelsen i nogle timer. Eller dage. Eller ligefrem uger.
Danske atleter har gjort det rimeligt godt, landets liden størrelse taget i betragtning.
Vi har haft nogle badminton og tennis stjerner, nogle hurtige cykelryttere og nogle enkelte spillere som har skilt sig ud i håndbold, fodbold og endda ishockey – så de fik lov til at spille på "rigtige" hold *uden for* Danmark.

Danskere vandt Eurovision i 1963, 2000 og 2013.
Det er ikke dårligt for sådan et lille land.
Men uden for konkurrencerne har Danmark gjort sig endnu mere bemærket. Det bliver ikke lagt så meget mærke herhjemme, når der ikke er et podie og en medalje, men som udenlandsdansker virker det som et lille klap på skulderen hver gang man støder på ting *"derhjemmefra"*.
Jeg tillader mig at tvivle på at en amerikaner, tysker eller kineser får et lille stik i hjertet hver gang de ser noget amerikansk, tysk eller kinesisk ude i verden, for så kunne de jo ikke lave andet, men fordi vi altid opfatter det som en uventet begivenhed, så står danske backpackere på Bali og kniber en lille tåre når de ser en lastbil med en Mærsk container køre forbi, ser et Carlsberg skilt over en bar i Bangkok, eller tørrer hænderne under en Dan Dryer fra Randers i Chile.
På med klaphatten!
Vi har større betydning end man skulle tro.
Vore forfædre besatte England, gav dem en bid af sproget, noget kultur og nogle ordentlige manerer, hvorefter englænderne besatte næsten hele verden, og tog den danske "smitte" med ud til de fjerneste afkroge af kloden.
Var det ikke for vores barbariske forfædre, ville de alle sammen sidde og faste i julen.
Ord som "wife", "knife" og "window" (plus et par tusinde flere) ville hedde noget andet.
Det er næsten som en myg, der sidder på hovedet af en mand og skriger *"jeg har betydning!"*.
Størrelsesmæssigt – og helt objektivt – virker det helt sindssygt, men så stikker den, og manden reagerer.
Vi kan fremhæve nogle personer som har givet verden et myggestik som den virkeligt mærkede: Knud den Store, Margrete Valdemarsdatter, Uffe Ellemann-Jensen, Margrethe Vestager...
Store politikere med enorm betydning internationalt.
En af de personer der virkelig har rystet verden er Jyllands-Postens tidligere kulturredaktør Flemming Rose.
Herregud, hvordan kan en kulturredaktør ryste verden?
Da forfatteren Kåre Bluitgen ikke kunne finde nogle der ville illustrere hans bog om profeten Muhammed, fordi de var bange for at Muslimer ville blive stødte, tænkte Flemming Rose noget i

retningen af *"det kan da ikke passe at man må sige, skrive og tegne hvad man vil, men muslimer er hævet over det pjat, på grund af vores egen egen-censur; det må vi gøre noget ved!"*
Så 30. september 2005 publicerede han 12 Muhammed- tegninger i Jyllands-Posten.
Libyen, Iran og Saudi Arabien trak deres ambassadører hjem fra Danmark, og i flere lande boykottede eller forbød man ligefrem danske varer, hvilket særligt ramte Arla hårdt.
I mange muslimske lande var der store protester og demonstrationer, og Danmarks ambassade i Syriens hovedstad, Damaskus, blev sat i brand.
Også i storbyer i den vestlige verden demonstrerede muslimer i store grupper og satte ild til det danske flag.
Jeg tør godt vove den påstand, at de fleste danskere sad hjemme på terrassen med en dåseøl og sagde *"Sikke noget fis!"*.
Med tiden ebbede det ud, den ene tegner blev forsøgt myrdet, men det meste af opmærksomheden forsvandt da større begivenheder, uden for Danmark, spillede på de samme strenge.
Så må vi jo bare provokere nogle andre.
Det er ikke så svært; folk som ikke er danske er jo så *følsomme.*
Så giraffen Magnus blev nakket.
Alle zoologiske haver må en gang imellem aflive raske dyr for at balancere et sundt avlsprogram, og når vi afliver en giraf kan vi jo lige så godt gøre obduktionen til en offentlig begivenhed, så de lokale skoler og børnehaver kan få en lærerig oplevelse.
Intet mærkeligt i det.
Bortset fra i udlandet.
Hold da op!
Shitstorm på de sociale medier, og store demonstrationer, hvor folk skreg *"BURN DENMARK TO HELL!"* og satte ild til det belgiske flag.
Jo jo, man behøver ikke at vide så meget for at deltage i en demonstration, men der har nok været en enkelt belgier eller to som har kløet sig lidt i nakken.
Jeg kan se danskeren på terrassen med sin dåseøl grine, så hans mave hopper.
Det varede heller ikke evigt, så en enkelt enfoldig tosse kastede sin kærlighed på muslimerne igen. Nogle lever for opmærksomheden!

Han stilte sig simpelthen op i boligkvarterer med særligt mange muslimske beboere og satte ild til koranen.
Så får man sat'me også opmærksomhed, skal jeg love for!
Det affødte nogle debatter, hvor selv garvede politikere, i hele Europa, havde svært ved at finde de rigtige ord.
"Man skal jo have lov, naturligvis, men man skal jo ikke gøre det… – eller… – altså…"
I den mindre kontroversielle ende af skalaen kan vi også irritere folk lidt, så der er mere at grine ad hjemme på terrassen.
København blev udnævnt til verdens bedste cykelby. Så blev hollænderne sure.
Noma blev flere år i træk udnævnt til verdens bedste restaurant. Så blev franskmændene sure (de har mærkeligt nok meget høje tanker om den mad, de serverer, som om frølår, andelever og snegle var noget at skrive hjem om).
Og mens Dubai kappedes med mange andre om de vildeste bygninger, blev København til *"Verdens Arkitektur Hovedstad"*.
Den sidste skal du lige ha' skåret ud i pap: Det handler ikke om fantastiske bygninger, operahuse eller lejligheder, man kan gemme sig i. Tværtimod handler det om det offentlige rum, hvor vi kan noget som andre ikke er lige så gode til.
Nogle steder kaldes det ligefrem *"Copenhagenization"*.
Vi kan lave offentlige steder som er sjove og tiltrækker en masse mennesker der hænger ud og hygger sig.
Særligt har arkitekten Bjarke Ingels gjort sig bemærket i den sammenhæng.
Måske skulle du lige hoppe op på cyklen og tjekke *"Bølgen"*, *"Superkilen"*, eller *"CopenHill"* ud.
Og nu vi snakker om *"hygge"*, så har det væltet England og flere andre lande.
Vi bruger ordet ofte, og det kan være svært at oversætte, men i flere engelsktalende lande har det nærmest skabt en myte.
Bøgerne *"The Little Book of Hygge: The Danish Way to Live Well"* og *"Hygge – the Danish art of living cosily"* har begge været på The Guardians bestsellerliste.
Måske er opmærksomheden hjulpet lidt på vej af danske kriminalserier, som de engelske tv-seere synes godt om, men som konstant forundrer dem med dette finurlige ord.

Sikke vi kan godte os med al den opmærksomhed, og spørgsmålet er hvor meget af det folk husker om hundrede år.
Tre kan vi dog være sikre på: Niels Bohr, Søren Kierkegaard og H.C. Andersen.
De går altid rent hjem!

Her går det næsten *for* godt!

Alle forældre ønsker at deres børn får et bedre liv, end de selv har haft.

Og det lykkes for de fleste.

På den måde er tilværelsen blevet lettere og bedre for hver generation i mange tusinde år.

Samtidigt med at vi er blevet flere mennesker på jorden, er livet blevet bedre på en lang række områder.

Du læser måske om krige og ulykker hele tiden, men i virkeligheden har der aldrig været så få krige som nu, antal ofre for katastrofer er styrtdykket, og vi kan helbrede langt flere sygdomme nu.

I 1970'erne var der næsten 2.000 døde i trafikken hvert år, nu er der knapt 200.

Hvis du har set for mange sort/hvide billeder og Morten Korch film, har du måske den opfattelse, at folk opførte sig mere civiliseret i 1950'erne.

"De gode gamle dage"...

Sandheden er at kriminaliteten er dykket i et relativt ret kurve siden da, på trods af at vi har fået flere love, og der er altså mere der er en lovovertrædelse.

Bare tænk på hvordan man behandlede psykisk sygdom, uønskede graviditeter eller homoseksualitet for bare 50 år siden.

Globalt går det også godt: Aldrig har så mange procent af verdens befolkning haft adgang til rent drikkevand, skolegang, grundlæggende vacciner, og mulighed for at skabe et bedre liv for sig selv og sine børn. Færre end nogensinde er påvirket af væbnede konflikter, naturkatastrofer og sygdom.

Kort sagt: Uanset hvor gammel du er, og hvor du bor, så ville dit liv have været ringere hvis du var blevet født ti år tidligere.

Det går godt.

Du lever et liv, der overstiger alle dine forfædres vildeste fantasier!

En konge i middelalderen, der bogstaveligt talt ejede et helt land, og alle landets indbyggere, havde ikke den luksus, man har i dag, selv om man er en enlig mor på overførselsindkomst.

Det som nogle er bekymrede for, er om vi har det *for* godt.

Hvis der skulle ske et nedbrud i den civilisation vi lever i; altså elektriciteten, internettet, dankortterminaler og vandforsyning ryger på en gang, har du så de evner der kræves for at overleve? Kan du

tænde et bål, fange og flå en hare, finde spiselige planter i naturen, finde drikbart ferskvand?
Selv hvis der ikke sker et nedbrud, så har vi forventninger som virkeligheden måske snart ikke kan indfrie.
Sundhedsvæsenet kan håndtere ting som man simpelthen opgav for få år siden. Mange kræftsygdomme kan nu kureres, og mange former for psykisk sårbarhed bliver nu håndteret.
I *"de gode gamle dage"* havde man to muligheder, når folk havde ADD, ADHD, Aspergers, og mange andre diagnoser: Trække på skuldrene eller spærre dem inde.
Dem med kræft sendte man hjem for at ordne deres sager og tage afsked med familien.
Men alt det vi kan gøre for folk nu koster nogle ressourcer, som vi ikke nødvendigvis har. Du kan jo ikke betale 110% i skat, og selv hvis vi havde råd til at ansætte 10.000 flere læger, så findes der ikke 10.000 læger at ansætte.
Vi danskere stiller simpelthen urealistiske krav.
Ikke fordi vi vil det, men fordi vi bliver fortalt at det er en mulighed.
"Det er jo ikke din eller hans egen skyld at din søn opfører sig på den måde; der er muligvis en diagnose bagved; vi laver en udredning og skaber en handlingsplan."
Uden at du er klar over det, har du – eller rettere: Din søn – netop tappet statskassen for en million kroner.
At læse beskederne i skolens intranet er et mareridt, når man tænker på de krav det medfører for skolen og dens stab. Mindst en tredjedel af eleverne har behov for nogle særlige hensyn; nogle af dem er fuldt berettiget, andre er nogle som forældre har trukket op af en hat.
Der er forskel på at være allergisk overfor jordnødder (det kan være livsfarligt!) og at være vegetar, religiøs eller påstået laktoseintolerant, men de behandles med samme alvor og hensyn.
Jeg ved ikke hvor mange jeg krænker nu, men *"særligt sårbar"* er ikke en rigtig diagnose, og du kan ikke forvente særbehandling til dit barn fordi du genkender nogle symptomer i et opslag på de sociale medier.
Når dit knæ gør ondt, og du er indstillet til en operation, med en behandlingsgaranti på tre måneder, og lægen siger *"vi må desværre lægge otte måneder oveni, for vi har ikke nok kapacitet, og vi prioriterer livstruende sygdomme"*, så findes der naturligvis kun en rigtig reaktion: Smil og sig *"det forstår jeg godt"* og hump ud af hans kontor.

Sundhedsvæsenet, uddannelsessystemet, domstolene, socialforvaltningen og så videre, lider af det samme: Udbuddet kan ikke følge med efterspørgslen.
Det ville være dejligt hvis de kunne, men det ville også være dejligt hvis du ville betale 110% i skat, og føde nogle flere læger og lærere… Men bare rolig; vi er ikke nået til der hvor det gør rigtigt ondt endnu.
Vi skal nemlig kigge på dem, der har skabt vores velstand.
Nej, ikke dine fåking forfædre, men de mennesker der producerer din iPhone, dit smart tv, din vaskemaskine og din bil – og alt det andet ragelse som skaber rammerne om dit liv i luksus.
Ja, også respiratoren, som holder dig i live de sidste fem dage…
Fattige arbejdere i Asien.
De får det bedre. Meget bedre. Og det manglede da bare; vi vil jo ikke sidde med hænderne i skødet mens der bliver udført slave- eller børnearbejde, vel?
Det betyder at de får mere i løn.
Så dine ting bliver dyrere.
Altså falder din levestandard.
Mærkbart!
Den er allerede på vej ned.
Samtidigt vil vi gerne beskytte miljøet.
Naturligvis.
Da giftstofferne blev forbudt i rengøringsmidler, begyndte husstøvmider og væggelus at komme tilbage i vores liv.
Da vi valgte færre tilsætningsstoffer, valgte vi også kortere holdbarhed og flere klumper i sovsen.
Da krigen brød ud i Ukraine, steg priserne på fødevarer ganske alvorligt.
Vi skulle pludselig stifte bekendtskab med to former for prisstigninger: Inflation og *"shrinkflation"*. Det sidste betyder, at man forsøger at holde prisen på en pakke nede ved at putte mindre indhold i pakken.
Problemet – for nu at sige det kort – er, at vi er skrøbelige, hjælpeløse, oversensitive, overforkælede og overstimulerede.
Min PH D i Excelarkshåndtering og min glutenfri opskrift på nemme boller hjælper mig ikke en skid når valutaen falder med 50 procentpoint og internettet holder op med at virke, eller russerne erklærer krig.

Hvad har du lært dine børn først: At tænde et bål eller at tænde en iPad?
Hvad tager dine børn for *givet* at de har *krav* på?
Jeg prøver ikke at male fanden på væggen.
Jeg siger ikke at næste generation må gå sultne i seng.
Men det er indlysende, at vi udskriver checks, der er dækningsløse.
De offentlige sektorer tilbyder os services og behandlinger som der åbenlyst ikke er råd til, vi udfører arbejde som ikke retfærdiggør den løn vi får, og vi køber varer til en pris som er urealistisk lav, hvis alle vores krav om økologi, kvalitet, fairtrade og sundhed skal indfries.
Tag et stykke elektronik, træk momsen fra, træk butikkens fortjeneste fra, træk forsendelse fra Kina fra, og forsikring af forsendelsen fra, træk fortjenesten fra distributøren fra, træk udgifter for emballage og manualen fra... Du kan godt se at det ikke kan lade sig gøre, Ikk'?
Hvis den skal leve op til alle dine krav, kan sådan en vaskemaskine umuligt produceres for under 200 kroner.
Du kan lave næsten det samme regnestykke med toastbrød...
Jeg møder somme tider en 16-årig pige, hvis enlige mor synes at pigen har arbejdet godt i skolen, og derfor har fortjent både sin iPhone og sit Gucci armbåndsur, og noget af sit dyre tøj.
Og det har hun helt sikkert!
Spørgsmålet er om miljøet, de cambodjanske fabriksarbejdere, de congolesiske minearbejdere, og mange andre i den proces har fortjent at hun skal have råd til det.
For har de ikke det, så er der en risiko for at tingene finder en sådan balance, i den nærmeste fremtid, at hun aldrig vil få råd til at give sine børn den samme luksus, som hun selv oplever nu.
Og så sker det som aldrig er sket før i historien: Hendes børn får ikke et bedre liv, end hun selv har haft.
Vi topper – højst sandsynligt – lige *nu!*

"Jeg har slikket på den så det er min"

Danmarks udbredelse 850-2024

"Haraldr kunungr bað gørva kumbl þøsi æft Gõrm, faður sinn, ok æft Þōrvē, mōður sīna, sā Haraldr es sēr vann Danmark alla ok Norveg ok dani gærði krīstna."

Sådan står der på den store runesten i Jelling, som er afbildet i alle danske pas.
Det betyder *"Kong Harald bød gøre disse kumler efter Gorm sin fader og efter Thyra sin moder – den Harald, som vandt sig hele Danmark og Norge og gjorde danerne kristne."*

Men når man studerer historie, er der et simpelt spørgsmål, som er super svært at besvare hurtigt: *"Hvad fanden er Danmark?"*

Dengang Harald *"bød gøre disse kumler"* var Danmark det nuværende Danmark, Skåne, Halland og Blekinge, Norge, en lille ustabil bid af England og nogle vindblæste øer ude i Atlanterhavet. Men Norge skulle lige nævnes for sig selv, fordi… Norge har altid været en fåking hovedpine.

Grænserne blev simpelthen flyttet rundt som et spil Risk på speed. Lande og områder hed alt muligt mærkeligt, så jeg bruger de nuværende landes navne, men de præcise grænser var hverken helt som i dag, eller lige så skarpe som i dag.

Når jeg taler om Norge, Sverige og Finland skal man også liiige huske på at det er op til omkring polarcirklen – nord for den har samerne driblet omkring og passet sig selv indtil omkring år 1500.

Da Harald fik lavet stenen, i år 958, var Danmark allerede skrumpet ret meget i størrelse.
Fra 865 og frem til 1002 inkluderede Danmark nemlig Danelagen – *"der hvor dansk lov gælder"* – som var det østligste 2/3 af vore dages England og den sydligste 1/3 af Skotland.
De sidste hundrede år havde Danerne fået lidt tæv hist og her, og Danelagen var bare en skygge af sig selv fredag den 13. november

i 1002 hvor den engelske konge, Ethelred den Rådvilde, beordrede massakren på Sankt Brictiusdag, hvor næsten alle Danere i England blev myrdet – også kendt som *"Danemordet"*.
Orkney og Shetlandsøerne forblev dog en del af det dansk-norske rige.
I 911 blev Normandiet i det nuværende Frankrig dansk under Rollo, men allerede få år efter var forbindelsen smuldret så meget, at Normandiet var selvstændigt, uden nogen forbindelse til Danmark overhovedet. Rollo mente jo nok, at han kunne klare det selv, uden en voksen.

I 800 og 900-tallet flyttede dansk-norske vikinger til Færøerne, Island og Grønland.

I 995 blev en del af Norge selvstændigt under Harald Hårderåde. Den sydlige del (Bergen-Oslo-agtigt) var stadig dansk, og nord for polarcirkelen var samerne alene hjemme.

I 1028 havde Knud den Store erobret hele Norge, England, Skotland, en bid af Sverige og naturligvis alle dansk-norske besiddelser i blandt andet Irland, Orkney, Shetland, Færøerne, Island, og Grønland, og skabte Nordsøimperiet.
Det var helt vildt, og aldrig har det danske rige været så stort. Desværre varede det kun syv år, indtil han skred i svinget i 1035. Så smuldrede hele lortet, og alle mulige dele erklærede sig uden for rækkevidde eller blev erobret af alle mulige andre.
Til gengæld snuppede vi Estland og Letland under Valdemar Sejr. Det er ham med flaget!

I 1355 blev resten af Norge generobret, med alle besiddelser, undtagen Island, som i mellemtiden var blevet en fristat.
Og i 1380 blev Island så hapset tilbage af den dansk-norske konge, for nu skal de jo ikke tro at de kan slippe, vel?

I 1397 blev Kalmarunionen samlet af Margrete den Første, som dermed blev hersker over Danmark, Norge, Sverige, Orkney, Shetland, Færøerne, Island, Grønland, og dele af Finland, Tyskland og Polen.
I 1350'erne mistede vi forbindelsen til Grønland, og kom først tilbage i 1720'erne, for at opdage at der ikke havde været nogle

danskere i de seneste 2-300 år. Lidt ligesom det telt du havde glemt at du havde oppe på loftet. Bare større.
I 1496 blev Shetlandsøerne stillet som garanti for medgiften, da den danske prinsesse Margrete (nej, ikke hende!) blev gift med den skotske konge.
Medgiften blev aldrig betalt, og skotterne fik stille og roligt ejerfornemmelser over øerne.
Resten af unionen holdt lige indtil det Stockholmske Blodbad gjorde svenskerne pisse sure, og Gustaf Vasa i 1523 trak Sverige (nord for Halland) ud af unionen, og tog områderne i Polen med.
Områderne i Polen har de siden mistet, men det må kraftstejleme være deres eget problem!

De danske dele af det nuværende Sverige – Skåne, Halland, Blekinge, Øland og Gotland – mistede vi ved Roskildefreden i 1658, efter en masse slåsseri.

Nå, skide være med Sverige, så må vi bare finde noget længere væk:
I 1600-tallet anskaffede Danmark en masse bittesmå kolonier på Guldkysten (det nuværende Ghana), og to i Indien: Serampore og Trankebar.
De forsøgte også med Nicobarerne, som de kaldte Frederiksøerne, mellem det nuværende Sri Lanka og Thailand, men måtte ret hurtigt give op og gi' dem til englænderne.
I 1825 solgte de i øvrigt Serampore og Trankebar til England, som også fik lov at købe de danske småkolonier på Guldkysten i 1850.
Det er som et spil Matador hvor du sælger alle dine lortegrunde til ham der har alle pengene, så du har råd til at lande på Rådhuspladsen...

Mellem 1671 og 1731 havde Danmark købt tre små øer i Caribien, som blev kaldt Dansk Vestindien.
Den danske trekantshandel startede i København eller Flensborg, hvor skibene sejlede til Fort Christiansborg (i Ghana) lastet med våben, som man solgte til lokale høvdinge for slaver. Slaverne blev sejlet til Vestindien og solgt til de danske og udenlandske plantageejere til deres sukkerplantager. Trekantshandelen sluttede igen i København eller Flensborg, hvor man udskibede sukker.

Med tiden blev det en pisse dårlig forretning, og øerne blev solgt til USA i 1917.
Inden du får retroaktivt storhedsvanvid, skal du vide at tilsammen er øerne på størrelse med Møn!
I 1814 mistede vi Norge til Sverige – og Norge blev selvstændigt i 1905 med en dansk prins som konge. Ha! Så kan de lære det!

Områderne i det nuværende Tyskland mistede vi i 1864, men fik den øverste halvdel af Slesvig tilbage i 1918 – og skyndte os at kalde det Sønderjylland.
Det lyder også bedre end *"Nordslesvig"*!

I 1944 var vi besat af tyskerne, og Island efterlod en farvel-seddel og listede ud gennem bagdøren.

Så nu står vi tilbage med de danske øer plus Grønland og Færøerne. De sidste to får mere og mere selvstyre, men har ikke råd til at melde sig helt ud af foretagendet.

Hvis vi klaskede alt det sammen, som nogensinde har været dansk, inklusive Danmark, Slesvig, Holsten, Pommern, Estland, Letland, 2/3 af England, 1/3 af Skotland, en bid af Irland, Normandiet, Finland, Sverige, Norge, Orkney, Shetland, Færøerne, Island, Grønland, syv små byer i Ghana, to byen i Indien, Nicobarerne oooooog De Vestindiske Øer – ville Danmark så være et af de største riger i verden?
Desværre er svaret nej. Som i: *Klart nej!*
Selv hvis vi ignorerer at vi somme tider tabte på karrusellerne når vi vandt på gyngerne, og aldrig har haft hele lortet på én gang, men bare tæller alle kvadratkilometer vi nogensinde har slikket på og syntes var vores, så er vi stadig langt bagefter Romerriget, Mongolriget, det Osmanniske rige, Rusland og det Britiske imperium.
Det eneste vi kan trøste os selv med er, at det er vores forfædre, der har lært briterne, hvordan den kage skal skæres.
– og gennem englænderne har vi haft en enorm kulturel påvirkning på resten af verden.

Der er et yndigt land

(Tekst af af Adam Oehlenschläger, 1820)

Der er et yndigt land,
det står med brede bøge
nær salten østerstrand;
nær salten østerstrand;
det bugter sig i bakke, dal,
det hedder gamle Danmark,
og det er Frejas sal
og det er Frejas sal

Dér sad i fordums tid
de harniskklædte kæmper,
udhvilede fra strid;
udhvilede fra strid;
så drog de frem til fjenders mén,
nu hvile deres bene
bag højens bautasten
bag højens bautasten

Det land endnu er skønt;
thi blå sig søen bælter,
og løvet står så grønt,
og løvet står så grønt,
og ædle kvinder, skønne mø'r
og mænd og raske svende
bebo de danskes øer
bebo de danskes øer

Hil drot og fædreland!
Hil hver en danneborger,
som virker, hvad han kan!
som virker, hvad han kan!
Vort gamle Danmark skal bestå,
så længe bøgen spejler
sin top i bølgen blå
sin top i bølgen blå

Freja er kærlighedsgudinde i den nordiske mytologi; *harnisk* betyder rustning; *kæmper* betyder krigere; *mén* betyder at komme alvorligt fåking til skade; *søen bælter* betyder smalle farvande mellem øerne; *mø'r* er ugifte kvinder; *svende* er ugifte mænd; *drot* er det oldnordiske ord for en konge (deraf ordet "drotning" eller "dronning").

Hasse "Hassan" Sørensen er *'Rockstar Storryteller'* og har udgivet et antal historiebøger til et publikum der nyder en god fortælling som holder dig vågen.

Tidligere udgivelser:

Vikingologi
Hvordan endte halvædelsten fra Indien i en vikingegrav i England?
Få hele historien, der strækker sig ud over skjolde og økser, fra kødgryderne og ind i sengen, hele vejen fra Vinland til Konstantinopel.
220 sider – 2024 – Dansk

Vikingology
How did semi-precious stones from India end up in a Viking grave in England?
Get the full story that stretches beyond shields and axes, from the meat pots and into the bed, all the way from Vinland to Constantinople.
220 sider – 2024 – Engelsk

Hammered History
An impressive deep dive into the comprehensive fuckupability of human nature, as told in your local pub.
540 sider – 2023 – Engelsk

Jeg fik ikke en båd
"Med sære anekdoter, mærkelige metaforer og tungen trykket ind i kinden forsøger jeg at forklare hvordan man navigerer i livet og i verden.
– og naturligvis, at det er min datters skyld, at jeg ikke fik en båd."
108 sider – 2019 – Dansk

Manualen til livet
Hvad er de fede tings cirkel? Hvornår skal du slukke mobilen? Hvor mange mennesker bliver vi på jorden? Kan en matematiklærerinde være lækker? Hvad er meningen med livet? Få svar på disse, og mange andre spørgsmål, i denne vigtige lille bog.
140 sider – 2017 –Dansk

Næ, men jeg har talt med Gud om det
Da en distræt journalist bliver dræbt i en trafikulykke, og møder Gud, insisterer han på at gennemføre et interview.
E-bog – 2016 – Dansk

Med Martin Dybdal – fotobøger med kortprosa:
Københavns kirkegårde (2024)
Les vélos de Copenhague (2023)
Søerne – Københavns åndehul (2022)
Københavns cykler | The bicycles of Copenhagen (2022)

Læs mere på www.propagandaministeriet.dk